JULIE WOLFTHORN
(1864–1944)

JÜDISCHE MINIATUREN
Herausgegeben von Hermann Simon

Band 228 JULIE WOLFTHORN

Alle „Jüdische Miniaturen" sind auch im Abonnement beim Verlag erhältlich.

Die Deutsche Nationalbibliothek verzeichnet diese Publikation in der Deutschen Nationalbibliografie; detaillierte Daten sind im Internet über https://portal.d-nb.de/ abrufbar.

Inh. Dr. Nora Pester
Haus des Buches
Gerichtsweg 28
04103 Leipzig
info@hentrichhentrich.de
http://www.hentrichhentrich.de

Lektorat: Philipp Hartmann
Gestaltung: Michaela Weber
Druck: Winterwork, Borsdorf

1. Auflage 2020

Printed in Germany
ISBN 978-3-95565-289-0

HEIKE CARSTENSEN

JULIE WOLFTHORN

MIT PINSEL UND PALETTE BEWAFFNET WILL ICH MIR DIE WELT EROBERN

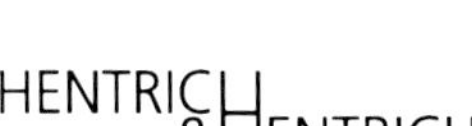

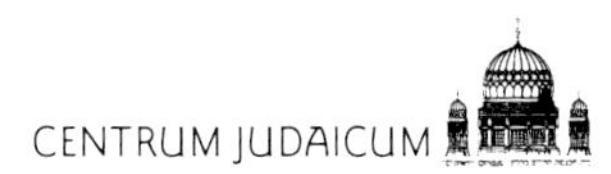

Inhalt

Einleitung

„Vergessen Sie uns nicht“, schreibt Julie Wolfthorn auf einer letzten Karte vom 17. Oktober 1942[1] ihrem Freund Carl Eeg. Und weiter: „Heute sende ich Ihnen den letzten Gruss. Wir warten hier auf d. Abtransport nach Theresienst. u. sind beinah zufrieden, endlich d. Ungewissheit los zu sein.“
Wie konnte es dazu kommen, dass die Malerin und Graphikerin, die zu Beginn des 20. Jahrhunderts zu den meistbeschäftigten und bekanntesten Künstlerinnen Deutschlands gehörte, über lange Zeit vergessen wurde?
Diesem Aspekt soll in dieser biographischen Miniatur nachgegangen werden. Gleichzeitig möchte ich Leserinnen und Leser mit Leben und Werk von Julie Wolfthorn vertraut machen und so anhand eines Lebensschicksals exemplarisch die Situation von Frauen, Künstlerinnen und Jüdinnen in dieser Zeit beleuchten.
Um 1900 gab es einen Aufbruch der Künstlerinnen. In der zweiten Hälfte des 19. Jahrhunderts ging mit der ansteigenden Industrialisierung auch eine gesellschaftliche Umwälzung einher. Neben dem Großbürgertum und dem Proletariat bildete sich ein Mittelstand heraus. Frauen des Mittelstandes erkämpften sich den Zugang zu hauswirtschaftlichen, pflegeri-

schen, pädagogischen und auch künstlerischen Berufen.
Künstlerische Beschäftigung war bis dahin nur den Frauen des Großbürgertums vorbehalten. Der Wohlstand des Elternhauses oder des Ehemanns befreite die Frau von Berufstätigkeit oder auch Hausarbeit. Künstlerische Beschäftigung diente der Zerstreuung und Repräsentation. Frauen der gebildeten Klassen wurden fast ohne Ausnahme in einer der schönen Künste unterrichtet, aber nicht, um damit ihr Brot zu erwerben, sondern um eine gewisse Stellung in der Gesellschaft einzunehmen.
Auch innerhalb der Kunst kam es zu Paradigmenwechseln. Um die Jahrhundertwende setzten sich auch in Deutschland zunehmend moderne Kunstströmungen wie Impressionismus und Jugendstil durch. Und die Künstlerinnen verstärkten ihren Kampf um die Professionalisierung ihres Berufes. Und doch wurden Frauen erst 1919 an den staatlichen deutschen Kunstakademien zum Studium zugelassen.
Julie Wolfthorn schlug entschlossen den Weg zur professionellen Künstlerin ein, zu dem sie ihr künstlerisches Talent, ihre Tatkraft, ihr Engagement und auch ihr Geschäfts- und Kommunikationsvermögen befähigten. Sie war eine sehr gute Netzwerkerin. Sie konzentrierte sich nicht nur auf ihre Kunstproduktion, sondern prägte darüber hinaus den Kunstbetrieb der

damaligen Zeit mit. Sie führte ein über weite Strecken engagiertes und erfolgreiches Leben.
Sie war jüdischer Herkunft, aber Religion spielte in ihrem Leben keine Rolle. Mit der Machtübergabe an die Nationalsozialisten änderten sich auch ihre Lebensbedingungen radikal. Sie wird immer mehr aus der Gesellschaft ausgegrenzt – und beschäftigt sich in ihrer Kunst das erste Mal mit jüdischen Themen. 1942 wird sie beinahe 80-jährig in das Ghetto Theresienstadt deportiert, wo sie noch zwei Jahre überlebt, sogar heimlich arbeitet und 1944 stirbt.
In der Biographie der Künstlerin gibt es noch immer Lücken. Ein Nachlass ist nicht vorhanden. Aber es gibt Zeugnisse der umtriebigen Netzwerkerin und – wie man heute sagen würde – Influencerin in Nachlässen anderer Personen, in historischer Literatur und in Archiven. Zudem gab es zu ihren Lebzeiten zahlreiche Ausstellungskritiken und Presseberichte über die bekannte Künstlerin und ihr Wirken. Einiges ließ sich über behördliche Stellen recherchieren – und nicht zuletzt erzählen auch ihre Bilder von ihrem Leben.

Thorn – Heimat und Herkunftsfamilie

Am 8. Januar 1864 wird Julie Wolf als fünftes Kind einer jüdischen Familie in der damaligen westpreußischen Stadt Thorn, dem heute polnischen Toruń, geboren.[2]

Sie hat vier ältere Geschwister. Ihre Mutter Mathilde (1838 Gniewkowo/Thorn – 1870 Thorn) ist eines von fünf Kindern des Landwirtes und späteren Getreidekaufmanns Nehemias Neumann und seiner Frau Johanna. Mathilde heiratet wahrscheinlich 1855, also 17-jährig, Julius Wolf (gestorben 1863) aus Podgorz bei Thorn.[3] Sie wird als „liebliche, reizvolle Persönlichkeit“[4] geschildert. Über ihn ist nicht viel bekannt, „ausser, dass er ein unerfolgreicher Geschäftsmann war“.[5] Das Ehepaar wandert Ende der 1850er Jahre nach Amerika aus. Sie hoffen, dort im Zuge des „Goldrausches“ ihr Glück zu machen. Schon andere Familienangehörige waren „in jungen Jahren nach Amerika“ ausgewandert und erfolgreich gewesen.[6]

Aber die Hoffnungen der Eheleute Mathilde und Julius Wolf erfüllen sich wohl nicht, denn schon bald kehren sie in ihre Heimat zurück. Der erste Sohn Georg wird am 3. Januar 1858 in San Francisco geboren, der zweite Sohn Franz hingegen eineinhalb Jahre später am 19. Juni 1859 in der Heimatstadt Thorn. Auch die drei jüngeren Schwestern Luise (15.9.1860),

Martha (25.11.1861) und eben Julie kommen in der Stadt an der Weichsel zur Welt. Als sich mit Julie 1863 das fünfte Kind ankündigt, ist die wirtschaftliche Lage so ernst, dass ihr Vater keinen anderen Ausweg mehr sieht und sich verzweifelt das Leben nimmt, wohl aus Angst, seine Familie nicht mehr ernähren zu können. Er fand in Thorn „durch einen Sturz aus einem Speicher in der Araberstraße seinen Tod".[7] Julies Mutter Mathilde, plötzlich alleinstehend mit fünf Kindern, nimmt eine Stelle als Haushälterin bei Bekannten an. Sie erkrankt aber an Trichinen und stirbt 1870 qualvoll.

Die Brüder Georg und Franz werden nun von Verwandten in Posen und Brieg aufgenommen.[8] Die drei Schwestern bleiben bei den Großeltern mütterlicherseits, Nehemias und Johanna Neumann, in Thorn. 1883, nach dem Tod des Großvaters, verzieht die Großmutter mit ihren Enkelinnen nach Berlin.

Auch wenn Julie nur wenige Jahre in Thorn lebte, verband sie sich für immer mit ihrer Geburtsstadt: Ab Mitte der 1890er Jahre, als sie beginnt, sich in Berlin als Künstlerin zu etablieren, hängt sie „zur Unterscheidung von den vielen sonstigen Wölfen"[9] ihrem Nachnamen den Namen ihrer Geburtsstadt an und nennt sich fortan, auch nach ihrer Heirat, „Wolfthorn". Nach jetzigem Kenntnisstand hat sie später keine weitere Beziehung zu ihrem Heimatort Thorn.[10]

Ihren „westpreußischen Dialekt“ hat sie sich allerdings wohl bis an ihr Lebensende „unverfälscht bewahrt“.[11]

Ankommen in Berlin

1883 kommt Julie mit ihrer Großmutter Johanna und ihren Schwestern Luise und Martha in Berlin an, wo schon ein Teil der Familie lebt. Julie Wolfthorn besucht hier die Luisenschule und beginnt mit Studien in Malerei und Zeichnung bei einem Verwandten, dem Porträt-, Genre- und Landschaftsmaler Ernst Nelson. Ernst Nelson hatte an der Berliner Kunstakademie studiert und unterhielt ein Schülerinnenatelier. Die Familie war den Künsten gegenüber sehr aufgeschlossen, wie auch die Fotografie eines Künstlerfestes nahelegt. Julie Wolfthorn und mehrere Familienmitglieder sind abgebildet (Abb. 1).[12]
Auch ihre Großmutter, Johanna Neumann (1816–1899), wird „als eine geistreiche, reizende, liebenswürdige Frau geschildert“.[13] Für eine Frau ihrer Zeit ist sie ungewöhnlich gebildet und steht mit mehreren bedeutenden Zeitgenossen wie dem Journalisten und Politiker Heinrich Rickert, dem Schriftsteller Bogumil Goltz und dem Schriftsteller und Reformer Dr. Aaron Bernstein, ihrem Vetter, in Kontakt. Sie ist als

die preußische Dichterin bekannt und veröffentlichte die Bücher *Frauenleben* und *Märchen und Geschichten*. Sowohl der älteste Bruder von Julie, Georg, wie auch die älteste Schwester Luise waren ebenfalls künstlerisch tätig. Ein von Julie Wolfthorn gemaltes Porträt, das 1898 auf der Großen Berliner Kunstausstellung präsentiert wurde, zeigt ihren Bruder Georg als Bildhauer (Abb. 2). Im Gegensatz zu seiner Schwester war es ihm natürlich möglich gewesen, an den staatlichen Kunstakademien in Wien, München und Berlin zu studieren. Ab 1890 unterhält er ein eigenes Atelier in Berlin, zeitweise zusammen mit seiner Schwester Julie.

Luise Wolf wird als „Übersetzerin literarischer, wissenschaftlicher, kunst- und kulturhistorischer Werke aus dem Skand., Frz., Engl." bekannt.[14] Sie übersetzte u. a. *Noa Noa* von Paul Gauguin und gemeinsam mit Leon Schalit *Die Forsyte Saga* von John Galsworthy. Die sogenannten englischen Buddenbrooks werden noch heute in der von Luise Wolf übersetzten Ausgabe gehandelt.

Paris

Viele Frauen gingen Ende des 19. Jahrhunderts ins Ausland, um dort Kunst zu studieren. In anderen

Ländern war man in der weiblichen Kunstausbildung schon weiter. Besonders nach Paris zog es viele Künstlerinnen, wie ja auch Paula Modersohn-Becker und Käthe Kollwitz.
Und auch Julie Wolfthorn ist Anfang der 1890er Jahre zu langjährigen Studien in Paris. Sie nimmt Unterricht an der damals sehr bekannten Privatakademie Colarossi. Ihre Lehrer waren Gustave Courtois und der bekannte Porträt- und Dekorationsmaler Edmond Aman-Jean. Aman-Jean wird für sein „tonfeines, musikalisch abgestimmtes, stumpfes und zugleich gesättigtes, auf das Dekorative gehende Kolorit“[15] gerühmt. Dieser Stil inspiriert auch Julie Wolfthorn. Sie arbeitet oft mit abgestuften Farbaufträgen. Das impressionistisch gearbeitete „Mädchen mit Hut vor offenem Fenster“ (Abb. 13) und die „Bildnisstudie blauer Hut“ (Abb. 14) bleiben nicht zuletzt aufgrund des Farbklangs im Gedächtnis.
Über den Aufenthalt in Paris gibt es einen Bericht von Olga Fajans (Abb. 1). Sie studiert als eine der ersten Frauen in Deutschland Medizin und wird unter ihrem Ehenamen Olga Hempel als eine der ersten Ärztinnen Deutschlands bekannt. Sie beschreibt in ihren Erinnerungen,[16] wie sie Ostern 1892 in Paris ist und dort bei Julie Wolfthorn und ihren Freundinnen „mitten in die dollste Boheme hinein kommt“. Sie berichtet von einer Vernissage, die mit großarti-

gen Hüten und uralten Brokatkleidern mit Schleppen aus billigen Geschäften als exzentrisches Kostümfest inszeniert wird. Aber Julie Wolfthorn und ihre Malerfreundinnen tragen in Paris auch gern Männerkleidung und männliche Kurzhaarschnitte, obwohl dies in der Öffentlichkeit streng verboten war und schwere Polizeistrafen nach sich zog. Außerdem rauchte sie, trug Hosen und begann Fahrrad zu fahren.
Während ihrer Zeit in Paris nutzt Julie Wolfthorn die Gelegenheit und besucht die nahegelegene Künstlerkolonie Grez-sur-Loing auf dem Land, die damals durch den schwedischen Maler Carl Larsson bekannt geworden war. Hier hat sich Julie Wolfthorns Malerfreundin Jelka Rosen niedergelassen, die mit dem Komponisten Frederick Delius verheiratet ist. Jelka Rosen haben wir auch das einzige gemalte Porträt von Julie Wolfthorn zu verdanken (Abb. 4).
In Frankreich setzt sich Julie Wolfthorn mit der Freilichtmalerei und dem Impressionismus auseinander. Ihr graphisches Werk wurde von dem, was sie in Paris auf der Straße gesehen hatte, beeinflusst. Das Titelblatt „Der neue Hut“ (Abb. 18), das Wolfthorn für die Zeitschrift „Jugend“ entworfen hat, ist mit seiner flächigen Technik, den Umrisslinien und den wenigen Farben ein typisches Beispiel der französischen Plakatkunst.

Leben in Berlin

Mitte der 1890er Jahre bezieht Julie Wolfthorn in Berlin-Tiergarten in der Kurfürstenstraße 50 mit ihrer Schwester Luise, genannt Li, eine Wohnung. Sie wohnen nahezu zeitlebens zusammen (Abb. 3) und teilen sich den Lebensalltag.[17] Mit einer Unterbrechung von wenigen Jahren werden sie hier bis 1942 leben.
Ihre Nichte erinnert sich: „Es war ein grosses hässliches Mietshaus wie alle da, eins am andern, aber man ging durch das Vorderhaus durch, über einen der schrecklichen Berliner Höfe mit Mülleimern und zementgepflastert, ins Gartenhaus. Ein grossartiger Ausdruck, denn von Garten keine Spur, nur einige grosse Rüstern und Ulmen [...]. Das Gartenhaus war 3 stöckig, [...] die beiden oberen Etagen gehörten den Wölfchen. Erst kam die Küche, ein Mädchenzimmer (Tante Lieses Schlafzimmer – völlig spartanisch) und ein wunderbar behagliches Wohnzimmer mit Kachelofen und weisser Katze. Die Möbel waren dunkle Mahagoni [...] Blumen und Bilder überall. Darüber war das Atelier und Tante Julas Schlafzimmer: sonnig, farbig, und voller Schals und Seidenstücken irgendwie drapiert, damals kam Batik auf. Im Atelier war es sehr behaglich, die Südseite vom Dach war Glas und das Licht wurde mit Vorhängen reguliert. Es gab auch einen sehr behaglichen Kaffeeplatz mit

Sofa und Stühlen und einem (nie benutzten) Samowar. Ich denke an das Heim der Wölfchen wie an eine Oase."[18]

Julie Wolfthorn hat in Berlin einen großen Bekannten- und Freundeskreis und engagiert sich vielfältig. Die nachfolgend genannten Beispiele verweisen exemplarisch nur auf einen kleinen Ausschnitt ihres Netzwerkes. Sie ist eng mit dem Ehepaar Ida und Richard Dehmel – und auch mit deren Freundeskreis verbunden. Zum Dehmelkreis gehören viele Intellektuelle der reformerischen Szene, die sich in verschiedenen Bünden in der von Kaiser Wilhelm dominierten Reichshauptstadt gegen die überkommenen Traditionen in Gesellschaft und Kunst stellten. Richard Dehmel (Abb. 7) galt vor dem Ersten Weltkrieg als der fortschrittlichste Lyriker, so wie Gerhart Hauptmann (Abb. 9) als fortschrittlichster Dramatiker galt.

Im Sommer 1897 hat Julie Wolfthorn ihren künstlerischen Durchbruch mit einem lebensgroßen Pastellporträt von Dehmels zweiter Frau Ida, die damals noch eine verheiratete Frau Konsul Auerbach war (Abb. 5). Ida Dehmel führt in Berlin einen vielbeachteten Salon, betätigt sich als Mäzenin im Kunstbereich und begründet die GEDOK (Gemeinschaft deutsch-österreichischer Künstlerinnen), die heute noch besteht. Des Weiteren engagiert sie sich für die

Frauenbewegung, in späteren Jahren vor allem für das Frauenstimmrecht.
Julie Wolfthorn wird aufgrund ihrer Porträts berühmt. Besonders interessieren sie intellektuelle, selbstbewusste, künstlerische und berufstätige Frauen und Männer. Mit zeichnerischem Können und malerischer Sicherheit gelingt es ihr, ihre Modelle psychologisch zu erfassen und die Charaktere in feinen Farbabtönungen herauszuarbeiten.
Das sehr repräsentative, der französischen Salonkunst nahe Ganzkörperporträt Ida Dehmels ist für Julie Wolfthorn eher ungewöhnlich. Nicht zuletzt hat die sehr auf äußere Wirkung bedachte Ida Dehmel selbst entscheidend zu dieser Art der Inszenierung beigetragen. 1896 schreibt sie in einem Brief an Julie Wolfthorn:
„Vor lauter Nachdenken Ihres Bildes habe ich nämlich die ganze Nacht nicht geschlafen [...]. Ich bin ja nur ein Bruchstück von dem was ich sein möchte [...]. Aber kann die Phantasie nicht das ganze Wesen finden, das meine Sehnsucht sich geschaffen hat. [...] [D]es Weibes ganze Herrlichkeit, meine ich. [...] Die Vögel jauchzen wenn sie kommt, die ganze Natur lacht und strahlt. [...] Und den Bäumen wirds klar warum sie blühen, und sie thuns darum mit voller Pracht [...]. Ja, so würde ich ein Bild malen wenn ich nicht der Rafael ohne Hände wäre."[19]

Das ist der typisch pathetische Ton, wie er in dieser Zeit in gewissen Kreisen vorherrschte, Julie Wolfthorn war da viel pragmatischer, und trotzdem: Beide Frauen bleiben Zeit ihres Lebens enge Freundinnen; noch in ihrem letzten bekannten Brief von 1942 erwähnt Julie Wolfthorn ihre Freundin Isi, wie Ida Dehmel genannt wird.
Das Pastellbild wird in der Presse oft erwähnt und gelobt. Es hängt 1897 zusammen mit dem Porträt von Hedwig Lachmann in der Großen Berliner Kunstausstellung (Abb. 6). Die Dichterin und Übersetzerin Hedwig Lachmann ist ebenfalls eine nahe Freundin von Julie Wolfthorn. Neben Gedichten schreibt Hedwig Lachmann auch eine Monographie über Oscar Wilde. Besonders bekannt wird ihre Übertragung von Wildes Drama *Salome*, die Richard Strauß für seine gleichnamige Oper nutzte.
Ihr Jugendstil-Bildnis spricht im Gegensatz zu der nach Aufmerksamkeit drängenden Ida Dehmel stark von Zurückgezogenheit. In sich ruhend, mehr mit ihrem Inneren als mit der Außenwelt beschäftigt und doch präsent erscheint Hedwig Lachmann auf dem Bild. Das Wort Bescheidenheit fällt oft im Zusammenhang mit Hedwig Lachmann. Sie schrieb und handelte unauffällig, war ein stiller Mensch. Ihr Mann, der Politiker und Publizist Gustav Landauer (Abb. 8), drängt sie, sich mehr ihrer literarischen Arbeit als dem Haus-

halt zu widmen: „Halte dich jedenfalls nicht weiter mit Einmachen und dergleichen auf. Geh und sitze lieber im Freien und wenn dabei das Gedicht fertig wird, ist es mir lieber – als Gelee.“[20]

Julie Wolfthorn, die Dehmels und auch die Lachmann-Landauers standen dem *Friedrichshagener Dichterkreis* nah. Das war eine lose Vereinigung von Schriftstellern, besonders des Naturalismus, die vor den Toren der Stadt Berlin im Grünen lebte, sich mit Lebensreformen befasste und einen unkonventionellen Stil pflegte.

Eine andere Institution der Berliner Bohème war das legendäre „Schwarze Ferkel“. Hierbei handelt es sich um ein Weinlokal in der Nähe des Brandenburger Tors. Ein Zirkel von verschiedenen Künstlern und Intellektuellen trifft sich hier regelmäßig und plant bei ausschweifenden Trinkabenden den gesellschaftlichen Umsturz. Wie im *Friedrichshagener Dichterkreis* waren auch hier viele Skandinavier dabei, wie der damals in Berlin gestrandete Maler Edvard Munch oder der Dramatiker August Strindberg.

Neben Julie Wolfthorn verkehrten dort nur wenige Frauen. Die bekannteste war Dagny Juel. Die Norwegerin war die *femme fatale* des „Schwarzen Ferkels“. Sie wird mit ihrer eigenartigen, oft beschriebenen Schönheit und ihrer speziellen Art schnell zu einer der zentralen Personen dieses Kreises. Viele Männer

interessieren sich für sie, wie Richard Dehmel, August Strindberg oder Edvard Munch. In der Forschung gilt sie als Auslöser für Munchs erotische Kunst.
Julie Wolfthorn besucht auch die Treffen der *Kommenden*, wo vor allem die schreibende Zunft ihre neuesten Produkte vorstellt – wie z. B. Else Lasker-Schüler oder auch Rudolf Steiner, der Vater der Waldorf-Schulen.

Worpswede

Den Sommer ihres künstlerischen Durchbruchs verbringt Julie Wolfthorn auf dem Land. Im Juli reist sie in die Künstlerkolonie Worpswede bei Bremen. Die Künstler im Teufelsmoor bei Bremen – also Heinrich Vogeler, Fritz Mackensen, Fritz Overbeck und Otto Modersohn – waren durch eine Ausstellung 1895 im Münchener Glaspalast, auf der Julie Wolfthorn ebenfalls vertreten war, in Deutschland schlagartig bekannt geworden. Nun zog es das reisende Kunstvolk auch nach Worpswede.
Hier entsteht das Hochformat „Landschaft (Worpswede)“ (Abb. 11). Es ist in ähnlich kühlen Farben gehalten wie die Ölstudie „Mädchen im Walde, Gescha“ (Abb. 10), die Julie Wolfthorn direkt vor Ort im Freien in Worpswede gemalt hat. Die pastosen Pinsel-

spuren, die spontane Malweise und der einfache Aufbau der Komposition verleihen dem Bild Unmittelbarkeit und Lebendigkeit.
Julie Wolfthorn und ihre Freunde, ihr späterer Ehemann Rudolf Klein und ihre Malerfreundin Adele von Finck[21], werden in diesem Sommer von der heute bekanntesten Worpswederin beobachtet. Denn auch Paula Becker, spätere Modersohn-Becker, hält sich 1897 das erste Mal in Worpswede auf. Sie notiert ihre Eindrücke in ihrem Tagebuch: „An unserem Mittagstisch der Maler Klein, ein hübscher Kerl mit weichen, frauenhaften Zügen und feinen, nervösen Händen; im braunen Sammetanzug. Als Künstler kenne ich ihn nicht. In irgend einem Verhältnis zu ihm steht Fräulein von Finck, denn sie duzen sich. Ich war auf sie schon vorbereitet."
Einige Tage später schreibt sie: „Das Mittagessen an unserem Weibertisch wird mit großem Appetit eingenommen. Die Hosendamen, es hat sich noch eine weitere hinzugesellt [Julie Wolfthorn] beweisen ihre Männlichkeit durch jungenshaften Heißhunger. Es macht mir großen Spaß, diese Individuen innerlich und äußerlich zu betrachten. Ich glaube, sie bilden sich wirklich ein, sie seien nicht eitel und gäben nichts auf Äußerlichkeit. Und doch sind sie auf ihre Hosen so stolz wie unsereins auf ein neues Kleid. Ich muß mit den alten Weisen sagen: Es ist alles ei-

tel."[22] Da war die weise Paula Becker gerade 21 Jahre alt.
Julie Wolfthorn fühlt sich nicht besonders wohl in Worpswede. Sie gesteht Ida Dehmel in einem Brief: „Kleine schmutzige Bauernkinder animieren mich nicht. Nur zu einer Kleinen fühle ich etwas: sie heißt Gescha. Schön nicht wahr? – Die Maler sind nicht zu sehen. Sie bewohnen alle eigne Häuschen, sind zum Teil eben verheiratet od. beinah, u. zeigen keinerlei Neigung zum Verkehr. [...] Finck und Klein sind auch hier. Wir malen viel zusammen, so richtige Studien. Nichts für die Seele. Die lebt weit fort von hier."[23]

Rom

Anfang des 20. Jahrhunderts reist Julie Wolfthorn zweimal nach Rom. Hier setzt sie sich mit der klassischen Kunst und der Aktmalerei auseinander. Im Juni 1900 berichtet sie: „Ich bin endlich, nach vielen Irrfahrten durch Museen u. Kirchen, hier in Rom angelangt u. habe mich mit Finck im Atelier von Schmitz u. Kruse[24] sehr behaglich eingerichtet. Wir haben ein Gärtchen zum Aktmalen, die Villa Borghese 10 Min. weit davon. Bald wollen wir uns an die Arbeit machen. Das bleibt doch immer das Schönste. Man kann

nicht so viel genießen. Siena ist entzückend! Haben Sie es gesehen? Und die Boticellis in Florenz? Vieles hat mich enttäuscht. Rom z. B. Man glaubt an ein altes, heiliges, ewiges Rom u. findet ein kleines Paris. Nur die Villen sind was ich suche."[25]
Zwei Monate später: „‚Der Aal gewöhnt sich an's Abgezogenwerden'. So geht's auch mir mit der Hitze. Unter solchen Umständen wie wir, Finck u. ich, sie hier zufällig fanden, ist es ziemlich erträglich: 2 große Ateliers zu ebener Erde mit Gärtchen in dem wir Akt malen, d. h. mit endlosen Scherereien durch die lieben Nachbarn, die uns fortwährend die Polizei in's Haus schicken, denn sie sind furchtbar schockiert, wenn sie mit vieler Mühe irgend etw. Nacktes entdecken. Ich mache Studien für Bilder, die vielleicht nie entstehen werden. [...] [W]ir schufteten richtig von früh bis spät (abends meist in der Borghese, unserm Park) u. danach ist man totmüde." Aber auch in der italienischen Hauptstadt fühlt sie sich nicht wohl: „Ja, Sie haben Recht, die Gärten sind herrlich! Aber sonst liebe ich Rom nicht u. nicht die Italiener, so weit ich sie kennen lernen konnte. [...] Die Hauptsache ist ja doch das eigne Schaffen. Nichts anderes kann mich mehr befriedigen u. ich genieße nicht, wenn ich mich selbst nicht ausleben kann."[26]
Im Mai 1901 stellt sie einen Teil der in Italien entstandenen Arbeiten im Kunstsalon Keller und Reiner

in Berlin aus. Ein Kunstkritiker bemerkt: „Julie Wolf-Thorn stellt einige anerkennenswerte Landschaften aus, unter denen besonders die im Abendsonnenschein liegende weite Flachlandschaft und die Villa Borghese in ähnlicher Beleuchtung die besten sind [...] leider aber auch mehrere Bilder mit nackten Gestalten [...] die in Zeichnung und Farbgebung gleich verunglückt, gleich wenig zum Ruhme der Künstlerin beitragen dürften.“[27]
Die Aktarbeiten ihrer Romreise ernteten schlechte Kritiken. Später setzt sie das Thema immer wieder mit graphischen Techniken um und auch Ölakte entstanden in gewohnter Wolfthorn-Qualität (Abb. 15).

Etablieren und Engagieren in Berlin

Mit Julie Wolfthorns Karriere geht es nun recht schnell. Sie stellt bald nicht mehr nur in Berlin, sondern auch in München, Weimar, Hamburg, Mannheim und vielen anderen Orten aus. Die Zahl der Besprechungen ihrer Werke in der Presse nimmt kontinuierlich zu – und sie erhält zahlreiche Aufträge.
Um die Jahrhundertwende engagiert Julie Wolfthorn sich zunehmend auch in kunst- und frauenpolitischen Belangen. Sie stellt im *Verein der Berliner Künstlerinnen* aus. Der 1865 gegründete Verein ist die erste

professionell ausgerichtete Organisation für Künstlerinnen überhaupt und unterhält auch eine Damenakademie.

1898 gehört Julie Wolfthorn zu den Mitbegründerinnen der *Berliner Secession.* Unter den 65 Gründungsmitgliedern sind nur vier Frauen (und zwar neben Julie Wolfthorn Dora Hitz, Else Schultze-Naumburg und Sabine Lepsius). Die *Berliner Secession* wird in den kommenden Jahren unter Leitung von Max Liebermann und Walter Leistikow grundlegend an der Durchsetzung der modernen Kunst in der Hauptstadt des Kaiserreiches beteiligt sein. Auf der ersten Ausstellung der *Berliner Secession* zeigt Julie Wolfthorn das Ölbild „Hexchen“ (Abb. 12).

1904 unterzeichnen 92 Künstlerinnen, unter ihnen Käthe Kollwitz und Julie Wolfhorn, eine Eingabe „an die Direction der Kgl. akad. Hochschule für die bild. Künste“ und formulieren „die ganz ergebene Bitte: auch Damen zum Studium an der Kgl. akad. Hochschule für die bild. Künste zulassen zu wollen“. Der Hofmaler und Direktor der Königlichen Akademie der Künste in Berlin, Anton von Werner, lehnt das Ansinnen kurzgefasst mit den Worten, dass „die Erfüllung Ihres Wunsches untunlich ist“, ab.[28]

Einem erneuten Gesuch mit der gleichen Forderung, eingereicht im Februar 1905 und unterschrieben von 204 Kunstschaffenden,[29] wird wiederum durch von

Werner eine Absage erteilt.[30] Elf Jahre nach der ersten Petition startet der *Frauenkunstverband*, in dem Julie Wolfthorn und Käthe Kollwitz gemeinsam im Vorstand sind, erneut eine erfolglose Eingabe. Der Durchbruch in dieser Frage basiert schließlich auf dem Gleichberechtigungsgrundsatz, welcher in der Weimarer Verfassung verankert wurde.[31] Auf einer Sitzung in der Akademie am 27. März 1919 wird der Beschluss gefasst, Frauen zum Akademiestudium zuzulassen.[32]

Schon 1905 hatte sich in Berlin der *Deutsche Lyceum-Club* gegründet, ein Frauenklub nach englischem Vorbild. Dieser Klub veranstaltete ebenfalls Ausstellungen und wird für Julie Wolfthorn zu einer wichtigen Kontaktbörse für künftige Aufträge. Hier wie auch in dem ebenfalls gerade genannten 1913 gegründeten landesweit tätigen *Frauenkunstverband* ist Julie Wolfthorn viele Jahre im Vorstand sehr aktiv.

1906 gründet sie zusammen mit fünf weiteren Berliner[33] und sechs Münchener Künstlerinnen[34] die Ausstellungsgemeinschaft *Verbindung Bildender Künstlerinnen*, die gemeinsame Schauen in München und Berlin organisieren – eine Sezession der Frauen, wie Julie Wolfthorn selbst es nannte. Denn sie hatte einer Freundin schon geklagt: Es „spielen die Herren in der Secession auch hier die ersten Flöten“ – und drängten offenbar die Frauen zur Seite.

Ehe mit Rudolf Klein

1904 eröffnet Julie Wolfthorn ein Schülerinnenatelier und im April des gleichen Jahres heiratet sie den Kunstkritiker Rudolf Klein. Paula Modersohn-Becker erwähnte ihn als Maler Klein in Worpswede. Eine Fotografie (Abb. 17) zeigt das Ehepaar Wolfthorn/Klein auf einem Gesellschaftsabend bei den Dehmels. Gesellschaftliche Kontakte pflegt das Ehepaar auch mit Peter Behrens und Ehefrau Lilly, den Lachmann-Landauers und dem Zeitungsverleger Rudolf Mosse und Frau Emilie. Da Julie Wolfthorn berühmter war als ihr Mann, wurde er manchmal Herr Wolfthorn genannt, was er allerdings hasste.

Überhaupt scheint die Ehe nicht einfach gewesen zu sein. Rudolf Klein zieht nach der Hochzeit zu seiner Frau in die Kurfürstenstraße. Und diese gibt sich alle Mühe, eine passable Hausfrau zu werden: „Ich werde es Rolf sehr nett da unten machen. Habe mir lauter nützliche Sachen schenken lassen u. stecke tief in der Wirtschaft". Aber sie erkennt schon jetzt: „Der Kunst ist es aber nicht dienlich, wenn man den Kopf voller Gardinen, Laken, etc. hat." Kurze Zeit später klagt sie: „Noch immer bin ich ohne Klein u. schlage mich mit Handwerkern und Aufwartfrauen herum. Schon zweimal hatte ich fest engagiert: die erste ging ‚in's Ausland', die zweite ist schwanger. Mir scheint, das Hei-

raten ist nicht so einfach. Die kleinen Sorgen sind wie Mücken: Sie thun nicht weh, aber sie quälen. […] und die Männer […] lachen uns aus u. sagen, daß wir uns in der Kunst ect. nicht mit ihnen messen können."[35]
Soweit bisher nachvollzogen werden konnte, hielt die Ehe bis zum Ersten Weltkrieg, irgendwann in der Zeit danach ging das Ehepaar getrennte Wege. Und nach einiger Zeit wohnt Julie Wolfthorn wieder – wie schon vor der Hochzeit – mit ihrer Schwester Li zusammen.
Luise kümmerte sich in der gemeinsamen Wohnung überwiegend um den Haushalt, sodass Julie sich ganz ihrer Arbeit widmen konnte: „[U]nd im Kriege war das keine Kleinigkeit. Jula brauchte nie anzustehen, Liese aber stand schon im grauen Wintermorgen beim Kaufmann oder Kohlenhändler an und schleppte alles, was sie ergatterte, nach Haus. Sie hatte nie Hunger, alles war für Jula. Aber wie hat Jula sie auch geliebt, wie dankbar war sie ihr!"[36]

Hiddensee

Neben ihrer künstlerischen Arbeit und ihrem gesellschaftlichen Engagement reist Julie Wolfthorn vor und nach dem Krieg weiterhin viel. Sie unternimmt Arbeitsreisen nach Holland und Belgien, in die

Schweiz, auf die Mathildenhöhe in Darmstadt, ebenfalls eine Künstlerkolonie, in den Schwarzwald, nach Bayern und an viele andere Orte.

Aber besonders gern hält Julie Wolfthorn sich auf der Ostseeinsel Hiddensee auf. Hier kommt auch noch eine weitere Freundin von Julie Wolfthorn ins Spiel: Anna Muthesius (Abb. 19). Sie ist die Ehefrau des Architekten und *Werkbund*-Begründers Hermann Muthesius. Anna Muthesius hat einen Salon in Berlin, in dem der Kunstkritiker Alfred Kerr verkehrt und der Theaterregisseur Max Reinhardt schon einmal den *Sommernachtstraum* in ihrem Garten privat aufführen ließ. Außerdem engagiert sie sich in der Bewegung der sogenannten Reformbekleidung und wurde oft fotografiert und gemalt, so beispielsweise auch von Franz Lenbach in München.

Im Jahr 1910 wird Anna Muthesius während eines Ateliertees bei Julie Wolfthorn auf Hiddensee aufmerksam gemacht – und zwar von Oskar Kruse-Lietzenburg[37], wie sie in ihrem Tagebuch notiert: „‚Darf ich Ihnen Herrn Oskar Kruse vorstellen?' Onkel Os strich mit behaglichem Schmunzeln seinen grauen Vollbart. ‚Frau Muthesius? Ach so. Ihr Mann macht doch de kleenen Häuser mit Zäunekens drumrum. Sowas müsste er auch auf meiner Insel Hiddensee bauen.' ‚Hiddensee? Wo ist denn diese Insel?' ‚Besuchen Sie mich mal. Sie können vier Wochen bleiben.

Ich sage Ihnen, es ist ein Paradies. […]' Hatten nicht auch schon [andere] davon erzählt? Das Paradies so nahe? – ‚Ich komme wirklich', sagte ich beim Abschied zu Onkel Os […]."[38]
Und sie tat es: Anna Muthesius fuhr noch im gleichen Jahr nach Hiddensee und kaufte sich im folgenden Jahr dort ein Haus in Vitte. Julie Wolfthorn besuchte ihre Freunde oft auf der Ostseeinsel – ihr letzter belegter Aufenthalt war 1931. Besonders in den 1920er Jahren ist Hiddensee sehr beliebt bei den Berlinern. Da es eine relativ bequeme Bahnverbindung gibt, ist es im Sommer das Ziel vieler Schauspieler, Autoren und anderer Künstler. „Ich bin hier wieder auf meiner seeligen Insel", schreibt Julie Wolfthorn 1926: „Ich bin sehr in der Arbeit. Man findet hier immer herrliches Material. […] Ich spiele immer mit dem Gedanken, mich hier anzubauen, d. h. nur einen Raum als Atelier. Leider aber kommen hierher in diese Primitivität nur Leute die kein Geld haben. Wenn ich in ein Modebad ginge, könnte ich großartig verdienen mit meinen schnellen Skizzen am Strande."[39]
Hier fand sie eine ruhige und entspanntere Welt als in Berlin vor. Sie malte Bodden-, Dünen- und Strandlandschaften, wobei sie immer öfter lichte und heitere Farben bevorzugte. Den Arbeiten ist zunehmend eine sorglose Stimmung eigen. Einige Ölbilder er-

scheinen leicht, fast aquarellhaft in der Malweise (Abb. 16).
Auf Hiddensee – das damals offiziell „Hiddensoe" hieß – schließt sich Julie Wolfthorn dem in den 1920er Jahren gegründeten *Hiddensoer Künstlerinnenbund* an. Damit beteiligt sie sich zum zweiten Mal an einer rein weiblichen Ausstellungsgemeinschaft.[40] Der *Künstlerinnenbund* veranstaltete seine Schauen in der „Blauen Scheune" in Vitte auf Hiddensee insgesamt neun Jahre lang, bis 1933. Der Nationalsozialismus macht dem *Künstlerinnenbund* ein Ende. Die beiden Gründerinnen Henni Lehmann und Clara Arnheim sowie viele der beteiligten Künstlerinnen waren jüdischer Herkunft.
Und auch das Doppelporträt von Gerhart Hauptmann und seiner Frau Margarete entstand auf Hiddensee (Abb. 9). Drei Jahre hat Julie Wolfthorn sich durch Vermittlung von Ida Dehmel um ein Porträt des Ehepaares Hauptmann auf Hiddensee bemüht, bis es im August 1931 klappte. Im Herbst 1931 sieht sich der Verleger Samuel Fischer, der mit Hauptmanns eng befreundet ist, mit seiner Frau Hedwig und Ida Dehmel das Doppelporträt bei Julie Wolfthorn im Berliner Atelier an. Weihnachten desselben Jahres feiert er seinen 72. Geburtstag und telegraphiert an Hauptmanns: „euer doppelbildnis steht an meinem geburtstagstisch, wir alle gratulieren zum neuen lebendig bewegten werk".[41]

Ein paar Tage später schreibt Julie Wolfthorn an Ida Dehmel: „Bei mir ist diesmal der Weihnachtsmann eingekehrt u. hat mir Fischers Entschluß gebracht d. Bild ‚H. u. Frau' zu erwerben. Zwar ist der Preis geringer als ich annehmen konnte, aber da ich es F's überlassen hatte, wollte ich nicht handeln, um sie nicht zu verstimmen. Selbst in anbetracht der heutigen Zeit, sind 800.00 M. ein bischen wenig. Trotzdem bin ich froh, daß das Bild in diese Umgebung kommt, wo es doch viel gesehen wird. Auch hatte ich ja an Verkauf garnicht zu denken gewagt. Ich weiß, daß Sie sich mit mir freuen, deshalb schreibe ich an Sie."[42]

Im Februar des folgenden Jahres berichtet sie: „Das Bild war in der ‚Voss' [Vossische Zeitung], reproduziert u. obwohl schlecht wiedergegeben, hat es mir viel Ruhm eingebracht, was ja immer ganz nützlich ist, wenn ich auch zu innerst nicht viel davon halte. Sie glauben garnicht wie schwierig es heute ist, sich nach außen hin auf der Höhe zu halten. Die Kunstmoden wechseln so schnell wie die Hutmoden. Bald bin ich wieder am dransten."[43]

Dieses ist die letzte Nachricht zu dem Gemälde. Samuel Fischer stirbt zwei Jahre später am 15. Oktober 1934. Seine Familie muss zur Zeit der nationalsozialistischen Diktatur das Land verlassen. Der Verbleib des Bildes konnte trotz intensiver Recherchen nicht festgestellt werden.

Die Jüdin Julie Wolfthorn

Julie Wolfthorn ist zu Lebzeiten also eine der bekanntesten Künstlerinnen in Deutschland – bis Anfang des Jahres 1933. Sie war jüdischer Herkunft und mit der Machtübergabe an die Nationalsozialisten ändern sich auch ihre Lebensbedingungen radikal.
Anfang der 1930er Jahre ist sie an vielen Ausstellungen beteiligt, in den Vorständen des *Vereins der Berliner Künstlerinnen* und des *Deutschen Lyceum-Clubs* aktiv, nimmt Aufgaben der Jurierung wahr, agiert als Vorsitzende oder Ehrenvorsitzende. Im März 1931 nimmt sie an einer Großdemonstration des Ausschusses „Groß-Berliner Ärztinnen gegen den § 218“ teil. Als unterstützende Künstlerinnen werden „Käthe Kollwitz, Julie Wolfthorn, Hedwig Wangel, Tilla Durieux“[44] in der Presse genannt. Julie Wolfthorn ist etabliert und gefragt.
Als am 30. Januar 1933 Adolf Hitler zum Reichskanzler ernannt wird, wird umgehend mit einer systematischen Entrechtung jüdischer, politisch linksorientierter oder anderer Menschen, die nicht in das nationalsozialistische Weltbild passen, begonnen. Sie werden sukzessive aus dem öffentlichen Leben ausgeschlossen. Die ersten Maßnahmen drangen vielleicht noch nicht ins Bewusstsein der Öffentlichkeit. Kurze Zeit später aber, am 1. April, wird im

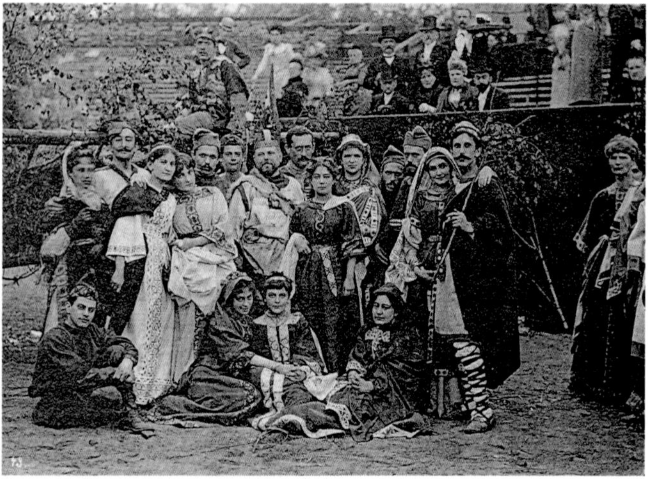

Abb. 1
Künstlergesellschaft, um 1896

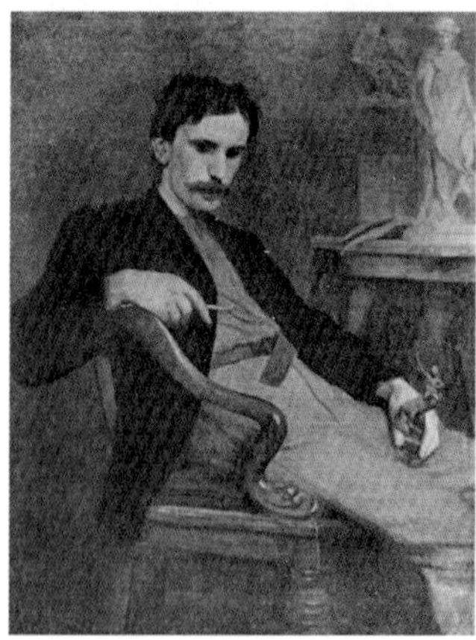

Abb. 2
Bildnis des Bildhauers
Georg Wolf, um 1898
(Bruder von Julie Wolfthorn)

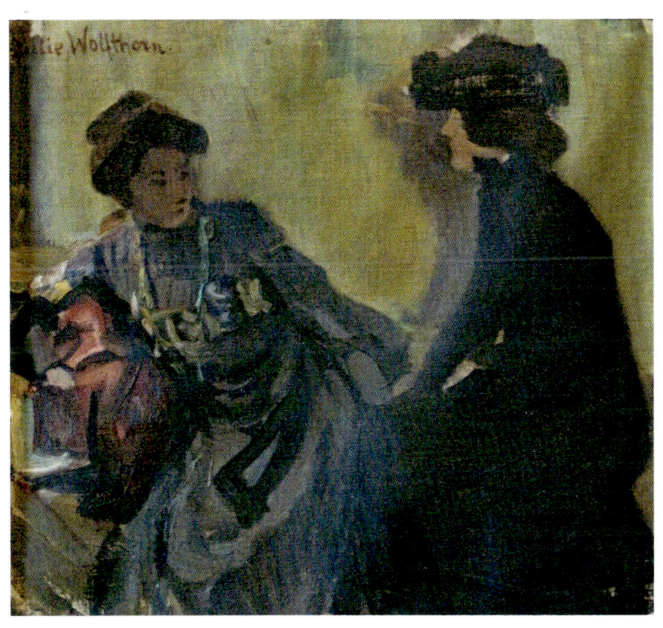

Abb. 3
Besuch (Li und Finck), um 1900
(Schwester Luise und Malerfreundin Adele von Finck)

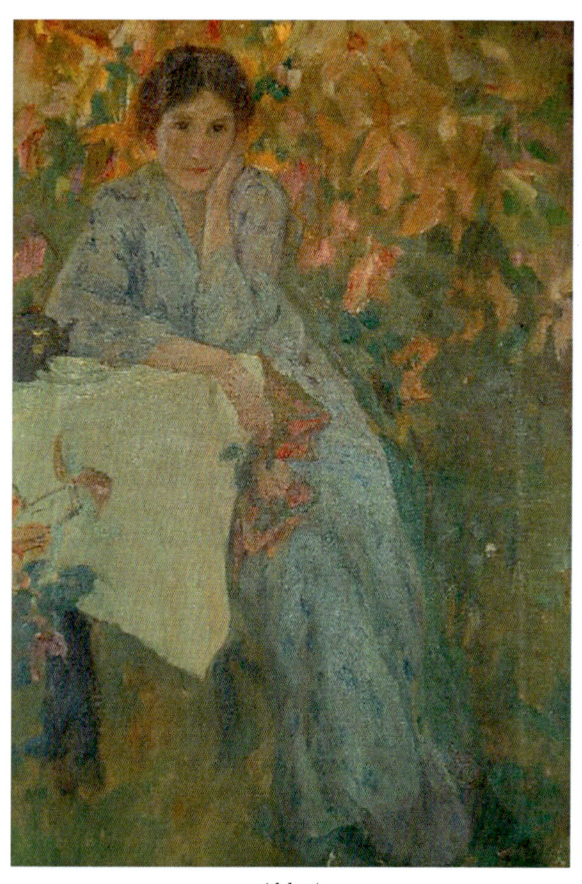

Abb. 4
Julie Wolfthorn, gemalt von Jelka Rosen

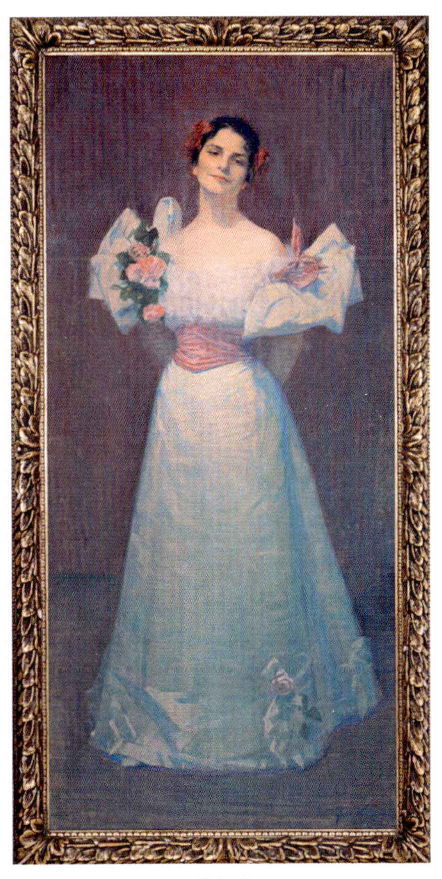

Abb. 5
Bildnis der Frau Konsul A. (Ida Dehmel), 1897

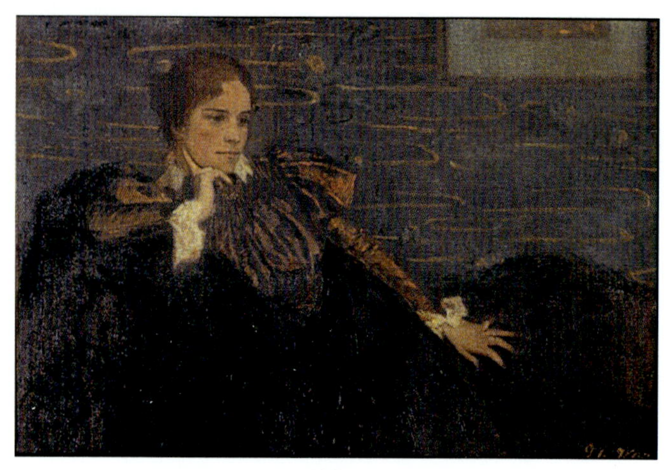

Abb. 6
Bildnis der Schriftstellerin Hedwig Lachmann, um 1897

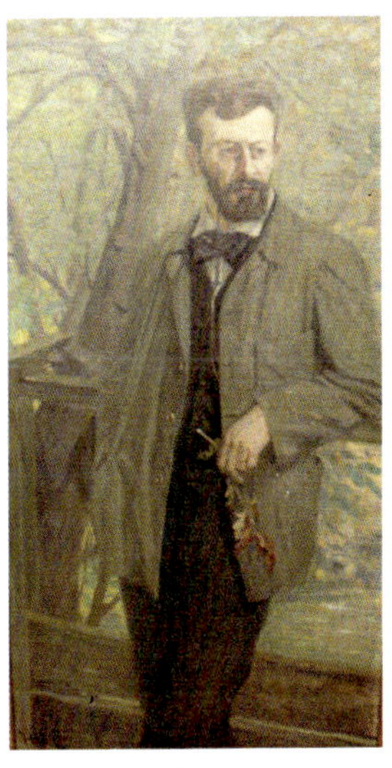

Abb. 7
Richard Dehmel, um 1902

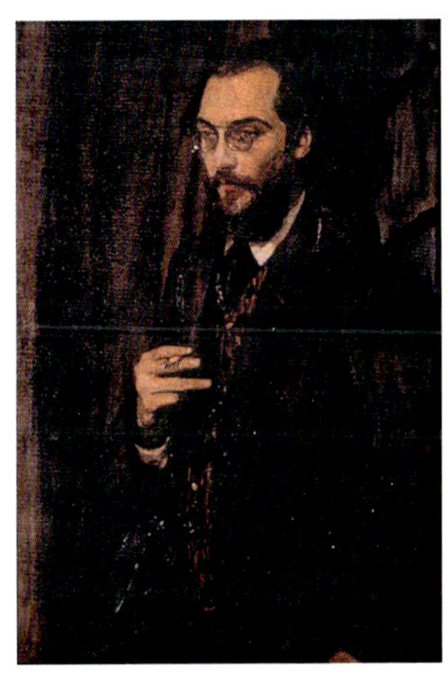

Abb. 8 Bildnis des Schriftstellers
Gustav Landauer, 1908

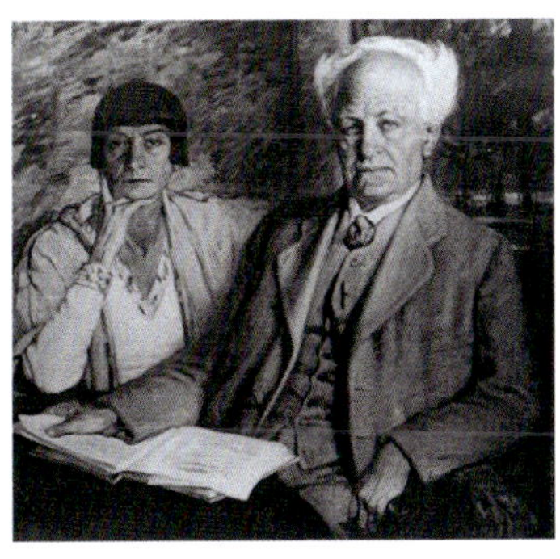

Abb. 9
Doppelporträt Margarete und
Gerhart Hauptmann, 1931

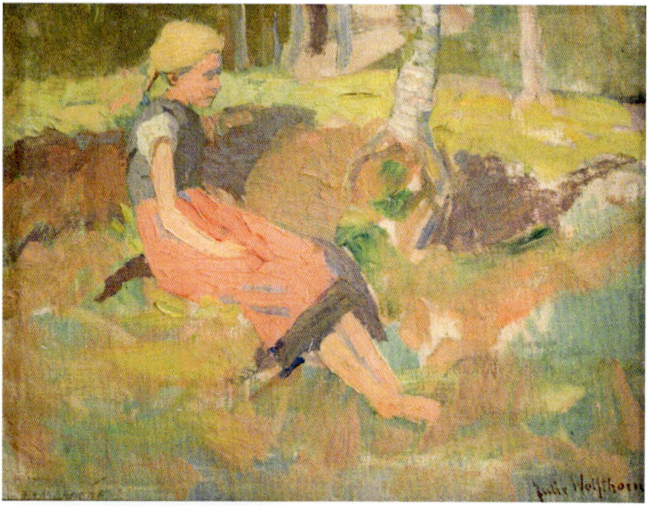

Abb. 10
Mädchen im Walde, Gescha, 1897

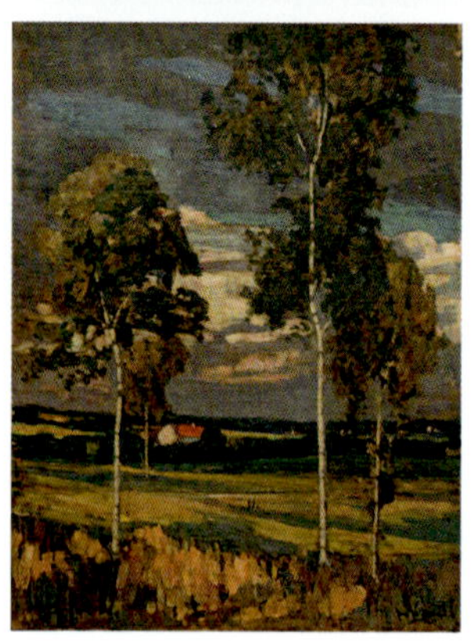

Abb. 11
Landschaft (Worpswede), um 1897

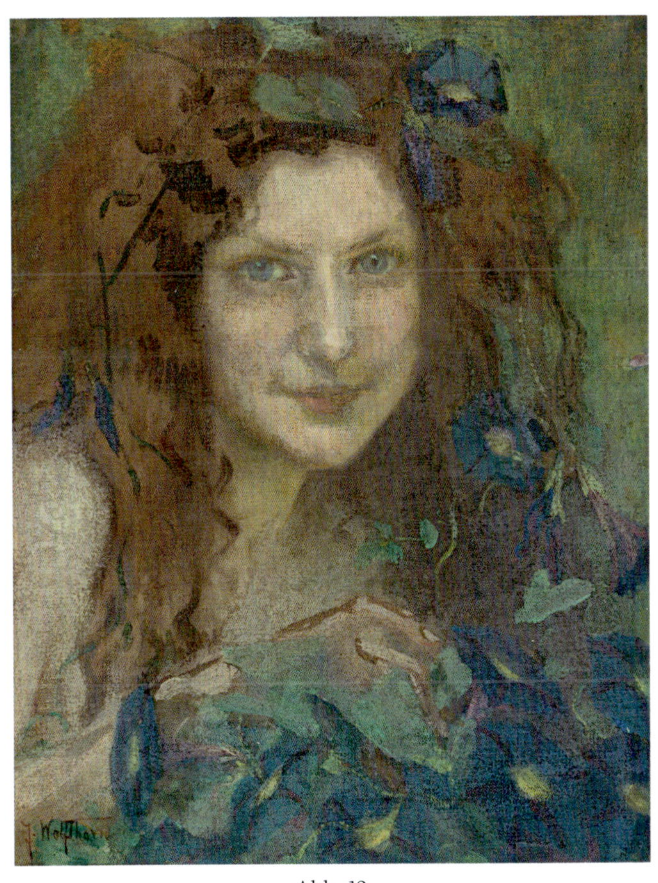

Abb. 12
„Waldhexe“ oder „Hexchen“, um 1899

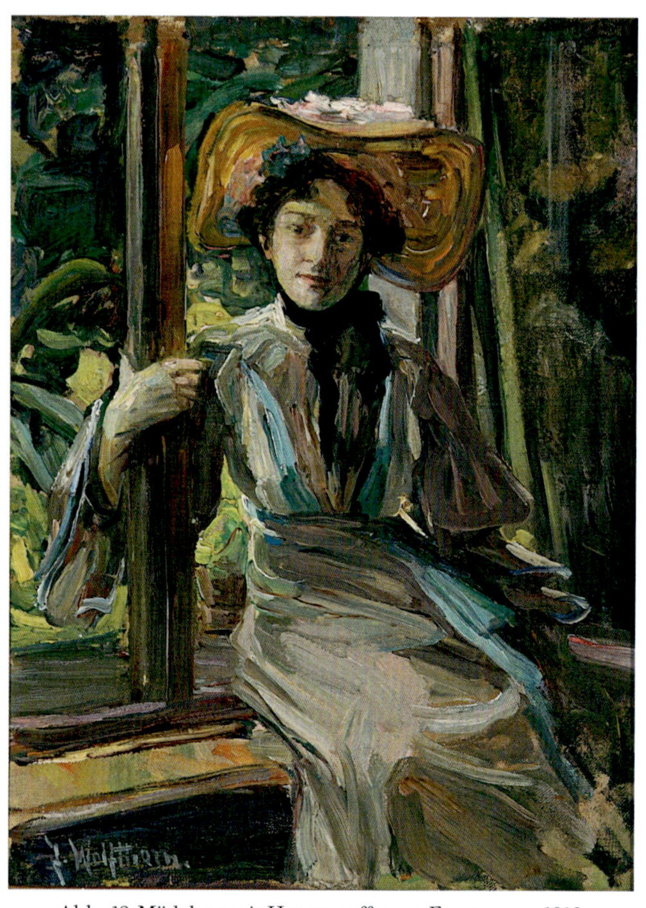

Abb. 13 Mädchen mit Hut vor offenem Fenster, um 1910

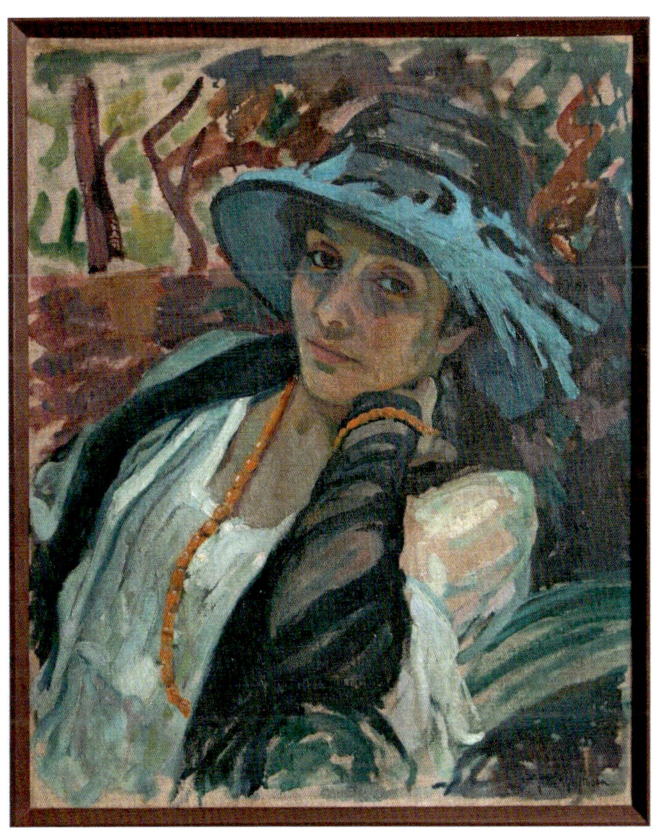

Abb. 14
Bildnisstudie blauer Hut

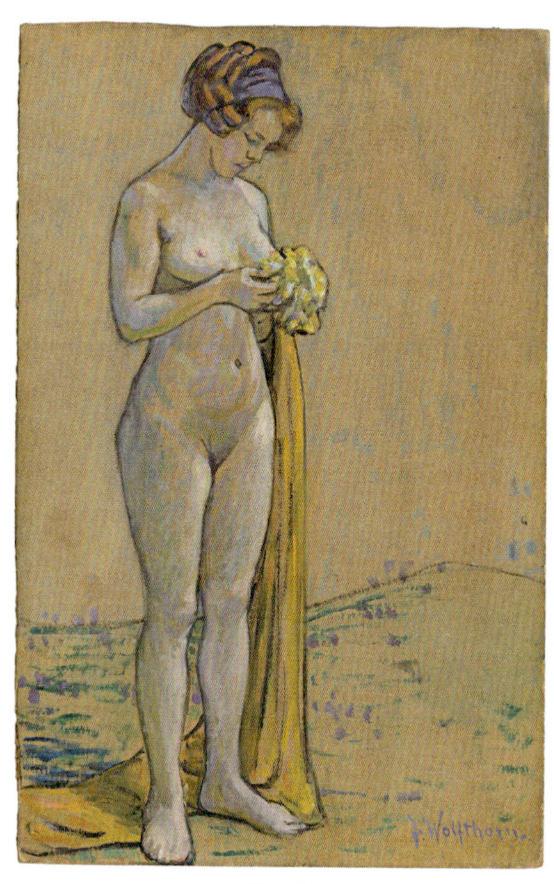

Abb. 15
Frauenakt

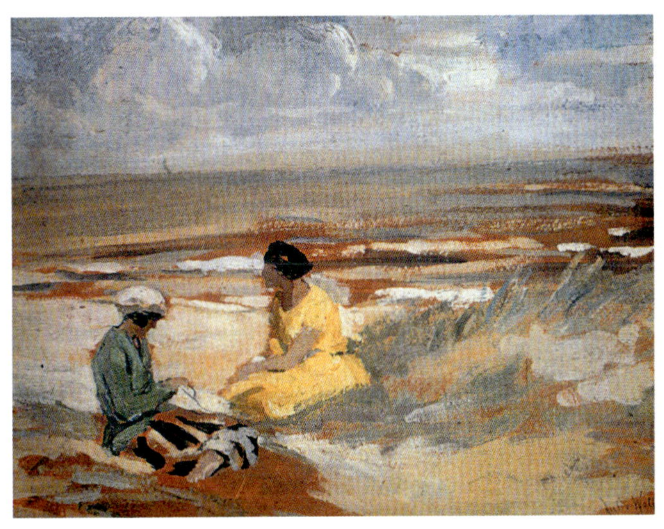

Abb. 16
Zwei Frauen am Strand, um 1924

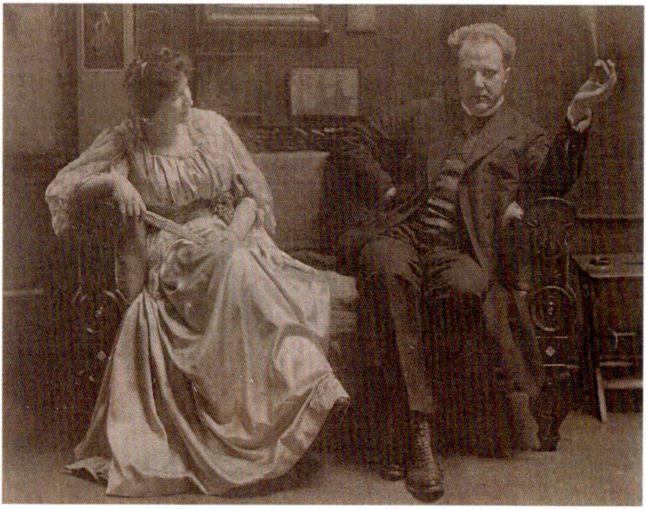

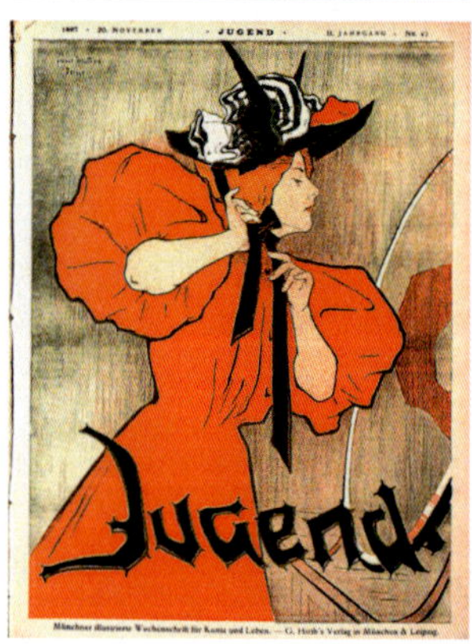

Abb. 17
Julie Wolfthorn und ihr Ehemann
Rudolf Klein

Abb. 18
Titelblatt „Der neue Hut“, um 1897

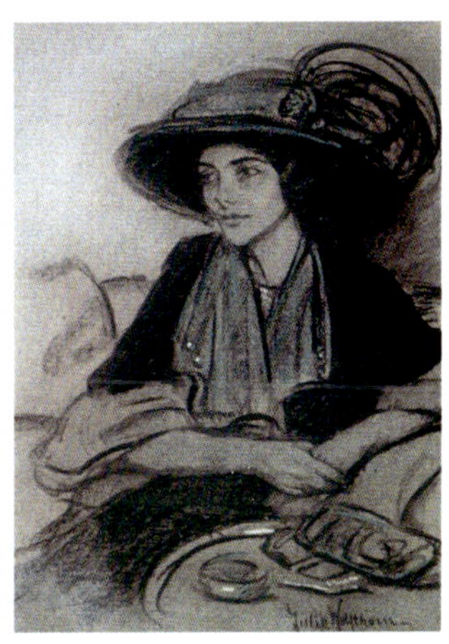

Abb. 19
Porträt Anna Muthesius, um 1900

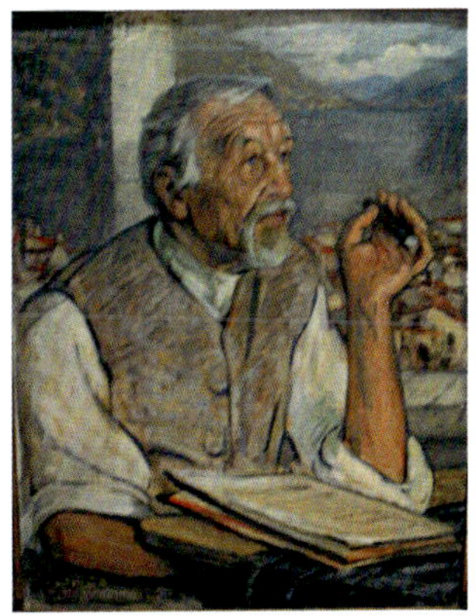

Abb. 20 Christian Rohlfs
in Ascona, 1928

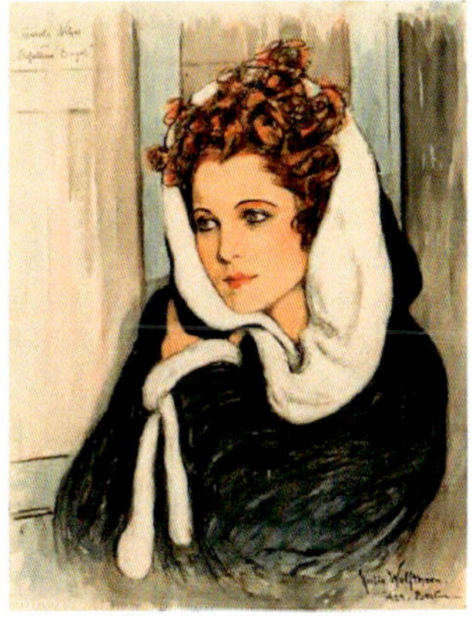

Abb. 21 Carola Neher als
„gefallner Engel“, 1929

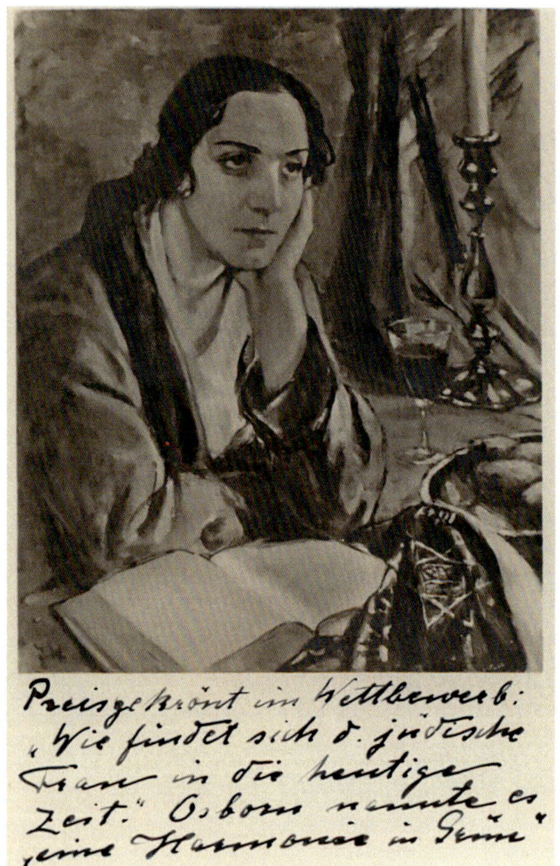

Abb. 22 Besinnung, um 1935

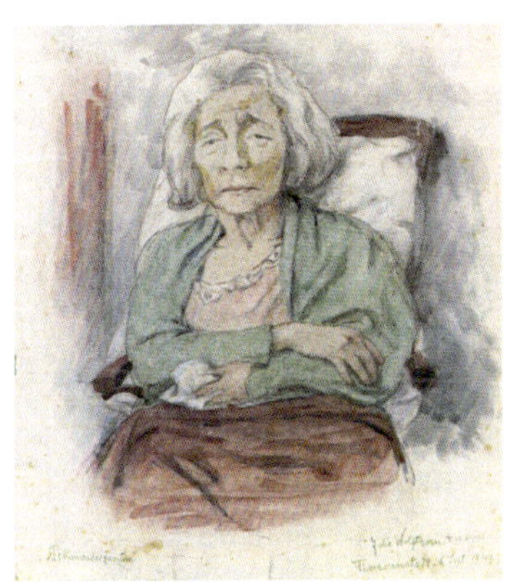

Abb. 23 Rekonvaleszentin, Theresienstadt 1943

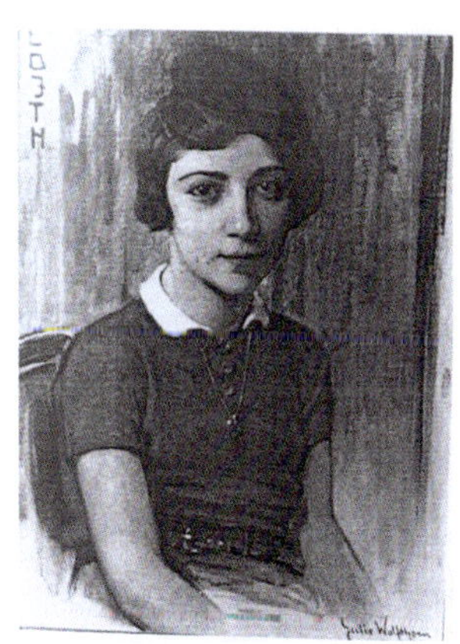

Abb. 24
Edith, um 1937

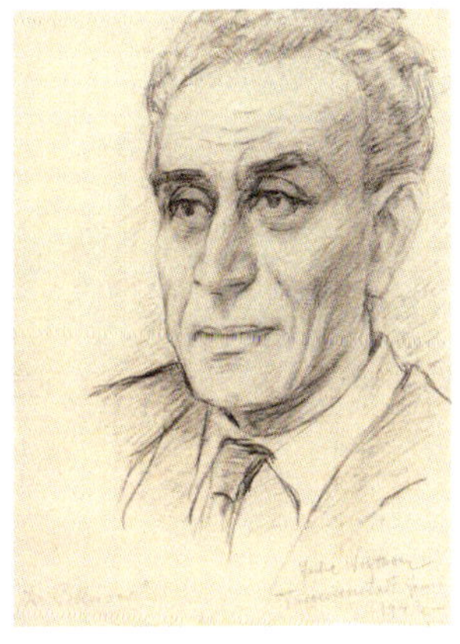

Abb. 25 Dr. Pollnow,
Theresienstadt, Juni 1943

gesamten Land der öffentliche Boykott gegen jüdische Waren und jüdische Geschäfte ausgerufen. Plakate mit der Aufschrift „Wehrt euch, kauft nicht bei Juden!“ werden an die betroffenen Geschäfte gehängt oder von Boykottposten in die Höhe gehalten. „Am meisten geschlossene Geschäfte, Posten und Plakate zeigen Kurfürstendamm und Tauentzienstraße“,[45] also die unmittelbare Nachbarschaft von Julie Wolfthorn.

Schon Mitte März 1933 war „der erste spürbare Angriff seitens der nationalsozialistischen Machthaber auf den ‚Verein der Berliner Künstlerinnen‘“ erfolgt. Im *Völkischen Beobachter* wird der Verein in einer Besprechung am 18. März diskreditiert.[46] Der *Künstlerinnenverein* reagiert prompt: Im April wird eine Vorstandsumbildung bekanntgegeben – im neuen Vorstand fehlen die jüdischen Mitglieder. Der *Deutsche Lyceum-Club* zieht im Juli des Jahres nach. Auch wird die Bekanntmachung der neu gebildeten Gremien ohne jegliche Stellungnahme verkündet. Nach langjährigem Engagement werden Frauen jüdischer Herkunft wie Julie Wolfthorn von einem Tag zum anderen fallengelassen.

„Von 1933 bis 1938 wurden aus der ‚Reichskammer der bildenden Künste‘ 1657 ‚Juden, jüdische Mischlinge und mit Juden verheiratete‘ Künstler ausgeschlossen und damit faktisch mit Berufs-, Ausstellungs- und Verkaufsverbot belegt."[47] Auch Julie Wolfthorn wird ausgeschlossen. Der Ausschluss ergibt sich dadurch, dass sie in die im September 1933 eingerichtete Kammer nicht aufgenommen wird. Ein Eintrag auf ihrer Reichskulturkammerkarte verweist auf eine Liste der seit 1933 Ausgeschlossenen. Sie ist hier als „Julie Wolfthorn, Malerin, Berlin Kurfürstenstr. 50, Volljüdin"[48] verzeichnet.

Mitte Juni 1933 gründet sich der *Kulturbund Deutscher Juden*. Dieser sorgt „für ein reichhaltiges kulturelles Angebot"[49] und bietet arbeitslos gewordenen Künstlerinnen und Künstlern jüdischer Herkunft eine Beschäftigung: „Zunächst hatte es gegolten, die aus Theatern und Orchestern Entlassenen unterzubringen. Bildende Künstler waren meist freischaffend."[50] Die Letztgenannten organisierten sich zunächst in der *Künstlerhilfe*: „Im Einvernehmen mit dem ‚Kulturbund Deutscher Juden' und unter Mitwirken der *Künstlerhilfe* der Jüdischen Gemeinde wird von Berlin aus ‚Das Kunst-Werk', eine Hilfsaktion für jüdische Künstler, in die Wege geleitet. Dieses Unternehmen will bildende Künstler und Oeffentlichkeit im Rahmen der jüdischen Schicksalsgemeinschaft einander näher bringen und veröffentlicht zunächst eine Reihe charakteristischer Kunstpostkarten. Die erste Anfang Dezember erscheinende Folge wird von Max Liebermann mit einem seiner Werke eröffnet und bringt Arbeiten von Julie Wolfthorn, Eugen Spiro und Rahel Szalit."[51]

Im Oktober 1933 findet die erste Veranstaltung des Kulturbundes statt: eine Aufführung des Theaterstücks *Nathan der Weise* von Gotthold Ephraim Lessing im Berliner Theater in der Charlottenstraße.[52] Parallel dazu wird in den Wandelgängen des Theaters die erste Ausstellung bildender Künstler gezeigt: „Ludwig Meidner, Arno Nadel, Max Liebermann, Julius Rosenberg, Adele Reifenberg, Julie Wolfthorn, Manfred Prager und andere waren mit Werken – meist Portraits und Landschaften – vertreten."[53]

1934 kommentiert Julie Wolfthorn die Ereignisse in einem Brief an ihre Freundin Ida Dehmel: „Berlin 11.12.34. Liebe Frau Isi. Seit d. 8.1.34 (eine Karte) habe ich nicht von Ihnen gehört, auch nichts aus zweiter Hand u. doch denke ich so viel an Sie u. alles was damit zusammenhängt in der Erinnerung. Wenn ich davon erzähle, horchen die Menschen auf, als ob es ein Märchen wäre. Und war es das nicht auch? Das Leben aber macht seine Ansprüche ziemlich deutlich bemerkbar u. so muss man sehen wie man zurechtkommt. [...] 12 jüd. Künstler haben von d. Reichskunstkammer folg. Brief erhalten ‚Wir verbieten Ihnen d. Ausübung Ihres Berufes'. Spiro[54] ist auch darunter, man sagte auch Liebermann, aber das ist wohl ein ‚Gräuelmärchen'. Von ihm erzählt man sich allerlei Witze: ‚man kann garnicht so viel fressen, wie man kotzen muss.' Oder: Einer von der Führerschule in Wannsee bittet seine Bilder sehen zu dürfen, ist begeistert u. sagt im Laufe des Gesprächs, ‚ja, Herr Prof. wenn alle Juden so wären wie Sie!' Darauf L: ‚wieso alle Juden – nein, wenn Ihr alle so wärt, dann wär's richtig.' Die Witze sind das einzige Ventil für d. Berliner, sonst würden sie ersticken. Ich bin die ewige Politik schon leid u. wünsche mir die Zeiten zurück, wo uns das nicht anging und andere Fragen auf d. Programm standen. Mir ist als hätte ich viele Leben gelebt – eines kann das ja garnicht alles fassen. Gern wüsste ich, wie sie es jetzt meistern. Sie leben im Dehmelhaus? Und wie steht's mit d. Augen u. sonst mit der Gesundheit. Schreiben Sie an Ihrem Buch? Fischer ist nun auch todt. Man munkelt doch, dass alle Bücher von Fischer u. Rowohlt verboten werden sollen. Hoffentlich auch ein Gräuelmärchen. Aber nach Feuchtwanger[55] ist ja alles möglich. – Ich gehe wenig aus. Mal in ein Kino od. auf einen langweiligen Tee. Am liebsten bin ich im Atelier mit einem guten Buch. Was man so früher Freunde nannte – das giebt's nicht mehr. Fink[56] ist ganz abtrünnig geworden. Sie hat nur noch Verkehr mit Menschen, die ihr nützlich sein können. Und eine Empfindg. für das was uns geschieht, hat sie überhaupt nicht. Sie hat kein Wort darüber verloren. Und Grete A.[57] ist völlig überzeugt, so dass selbst die Kinder nicht mehr mit können. Diese Beiden also, die mir wertvollsten, haben versagt. Aus d. Lyceum-Klub bin ich damals als Einzige gleich ausgetreten. Die Anderen sind noch Mitglieder, haben aber nichts davon. Im V. d. Künstlerinnen sind wir noch Mitglieder, machen aber keine Geselligkeit mit. Sonst lebt man ja hier unangefochten, aber in der Provinz muss es furchtbar sein. – Für d. Mischlinge ist es ja am schlimmsten. Sie wissen doch nicht wo sie hingehören. Eigentlich bin ich noch Patient. Kurz vor der Atelier-Ausstellg. als ich über d. Schreibtisch ein Bild hängen wollte, wozu ich drauf gestiegen war, fiel ich rückwärts hinunter u. es war ein Wunder, dass ich mir nicht das Genick gebrochen habe od. d. Rückgrat verletzt. Scheinbar sind nur d. Rückenmuskeln gequetscht und der Brustkorb, so dass ich noch heute sämtliche Muskeln u. Rippen schmerzhaft fühle. Da ich d. Ausstellg. aufbauen musste, konnte ich mir keine Ruhe gönnen u. so schlucke ich Pfundweise Betäubungsmittel. Ich muss dankbar sein, nicht Arme u. Beine gebrochen zu haben. – Gärtners[58] Kinder müssen doch nun auch fast erwachsen sein u. stehen vor d. Problem, das so viele der Besten jetzt aus d. Lande treibt. Ich habe von überall gute Nachricht. So hat Käthe Münzer[59] in Paris einen Staatspreis erhalten u. hat Aufträge: so dass sie existieren kann. [...] Habe ich mir nun einen Brief verdient? Ich hoffe, dass es

Ihrer Schwester weiter gut geht u. ebenso Ihnen. Vergessen Sie mich nicht. – Ihre Julie Wolfthorn“[60]

Trotz der bedrückenden Situation und der düsteren Aussichten ist Julie Wolfthorn weiterhin aktiv. „Um den jüdischen bildenden Künstlern neue Wirkungs- und Erwerbsmöglichkeiten zu verschaffen, führte der Berliner Kulturbund neben seinen Wechselausstellungen im Kulturbund-Theater ab 1934 regelmäßig so genannte Atelierausstellungen durch. Auf dem Programm standen zum Beispiel Führungen durch die Ateliers von Julie Wolfthorn, Eugen Spiro und Arno Nadel.“[61]

Eine Initiative, die offenbar auf Julie Wolfthorn zurückging, denn sie selbst berichtet im Dezember 1934: „Nachdem ich bis jetzt mit d. Händen im Schoss dagesessen hatte, fing ich an mich zu regen, schlug d. jüd. Kulturbund Atelierbesuche vor, was die Herrn Kollegen mit Eifer für sich ausnutzen, Spiro an der Spitze, bis ich Krach machte u. nun erreicht habe, dass wir Frauen auch dran kommen.“[62]

Am Sonntagvormittag den 11. November 1934 war es soweit gewesen, der dritte Atelierbesuch des *Kulturbund deutscher Juden e. V.* fand bei Julie Wolfthorn statt.[63] Sie selbst führt das „diesmal sich geradezu herandrängende Publikum“[64] durch ihr Atelier, das „vollgestellt [war] mit Hunderten von Bildern, Porträts, Skizzen, Landschaften, Strichzeichnungen und

Aquarellen"[65]. Julie Wolfthorn war allerdings nicht so ganz zufrieden mit dem Interesse: „Mir hatten sie aber d. Streich gespielt einen Kunstvortrag von Osborn auf dieselbe Zeit anzusetzen, so hatte ich einige 30 Gäste, während der sehr interessante Vortrag: ‚Berl. Juden von vor 100 Jahren bis heute' d. Berliner Theater bis oben füllte. + Von seinem Publikum waren dann noch etwa 70 da, so dass es sich trotzdem lohnte." Und: „Ich habe für ganz kl. Preise zw. 100–300 M. verkauft u. allerhand Aufträge sind angebahnt, ich glaube aber erst daran, wenn ich d. Geld in der Hand habe."[66]

Im Mai 1935 hat sie auf der „Frühjahrsausstellung jüdischer Künstler" im Jüdischen Museum, das erst eine Woche vor der Machtübernahme in Berlin am 24. Januar 1933 eröffnet worden war, einen herausragenden Auftritt: „Die zwei schönsten ‚jüdischen Gemälde' stammten von Frauen. Von Julie Wolfthorn wurde das von der Künstlerhilfe in einem Wettbewerb ‚Das Gegenwartserleben der jüdischen Frau' preisgekrönte Frauenbildnis ‚Besinnung' [Abb. 22[67]] gezeigt, das eine nachdenkliche junge Frau am Sabbath-Tisch darstellte."[68] Auch die Porträts „des von den Nazis verfemten und in Ascona lebenden Malers Christian Rohlfs" (Abb. 20) werden dort präsentiert. Im Januar 1936 meldet das Jüdische Museum den Ankauf von „Besinnung",[69] das heute als verschollen

gilt. Im März 1938 wird infolge Julie Wolfthorns vermeintlich rundem Geburtstag[70] bekannt: „Aus Anlaß des 70. Geburtstages der bekannten Künstlerin Julie Wolfthorn hat ein Gönner ihrer Kunst dem Museum in Tel Aviv ein Herrenbildnis von ihr gestiftet. Auch das Jüdische Museum in Berlin hat aus besonderen Mitteln ein Landschaftsaquarell von Julie Wolfthorn erworben."[71] Die Malerin selbst gibt eine nähere Erklärung: „Noch eine inter. Neuigk.: Die j. Gemeinde hat mein Portr. v. Christian Rohlfs angekauft u. als Schenkg. an d. Museum in Tel Aviv geschickt. Auf meinen Wunsch, denn ich möchte nach meinem Tode doch irgendwo eine Bleibe haben. Hier kommt doch einst alles auf d. Müll od. Scheiterhaufen."[72]
Aber gerade an dem Bild „Besinnung" macht sich Kritik und Unverständnis aus der eigenen Familie fest. Heinrich Kurtzig, der nach dem Tod von Julie Wolfthorns Eltern und Großeltern als Familienoberhaupt gilt,[73] ereifert sich: „Es war für mich von grossem Interesse, unter diesen ein Oelgemälde ‚Besinnung' von meiner Cousine Julie Wolfthorn als besonders wertvoll bezeichnet zu hören; ein ‚preisgekröntes Stück'. Mein momentanes Interesse galt eigentlich nicht der tüchtigen Malerin – Julie Wolfthorn hatte ja seit Bilder von ihr in der Berliner Nationalgalerie hingen und sich Persönlichkeiten wie Richard Dehmel, Gabriele Reuter, Björn Björnson von ihr hatten porträtieren

lassen, unter den deutschen Malerinnen einen guten Klang – nicht die Malerin als solche hatte in diesem Augenblick mein Interesse, sondern die jüdische Malerin, die sich plötzlich an ihr Judentum erinnert hatte und zur ‚Besinnung' gekommen war. Es waren rein ‚jüdische' innere Erlebnisse, die die Künstlerin hatte. Tante Johanna Neumanns 5 Enkelkinder, die Wolf'schen ‚Waisenkinder' zu denen als jüngste Julie gehörte, hatten nie eine Ahnung vom religiösen Judentum gehabt; sie zogen sich von ihm sogar geflissentlich zurück, zum Teil hegten sie innerlich antisemitische Gefühle. Und nun führten mit einem Mal in spätem Alter jüdische Motive Juliens Pinsel. Es waren jene Bestimmungen, die eine Julie Wolfthorn genau ebenso ins Herz trafen, wie den, mit ihr natürlich künstlerisch nicht in einem Atem zu nennenden Max Liebermann, die Beide nicht mehr für würdig befunden wurden, Mitglieder der Reichskulturkammer zu sein. Gewiss nicht als die alleinigen; mir selbst war es ja nicht anders gegangen. Aber zur ‚Besinnung' auf ihr Judentum, wie bei Julie, war es in der letzten Periode ihres künstlerischen Schaffens wohl nirgends so auffällig gekommen. Der ‚Besinnung' folgten Bilder auf Bilder jüdischen Inhalts. Mit einemmale wurde von der jüdischen Gemeinschaft Julie Wolfthorn als grosse ‚Jüdin' reclamiert. Sonderbare kulturelle Zusammenhänge!"[74]

Heinrich Kurztig verkennt bei aller scharfen Kritik und eigener Betroffenheit völlig, dass Julie Wolfthorn keine andere Möglichkeit hatte, wenn sie weiterhin künstlerisch tätig sein wollte. Die staatliche Unterdrückung zwingt sie, sich in jüdische Lebensbereiche zu integrieren, sich mit ihnen zu identifizieren und auseinanderzusetzen. Institutionen, in denen sie weiterhin ausstellen kann, sind jüdisch und auch die Themen der Ausstellungen sind jüdisch. So verwundert es nicht, dass auch Julie Wolfthorn sich diesem Themenkreis annähert. Aber vermutlich macht Heinrich Kurztig gerade das zornig, dass sie durch scheinbaren „Opportunismus" eine Möglichkeit findet, weiterhin ihrer Kunst nachzugehen.
1936, im Jahr der Olympischen Spiele in Berlin, hat Julie Wolfthorn die höchste Anzahl an Ausstellungen in der Zeit des Dritten Reiches – dies entspricht dem allgemeinen Trend: „Die Gründung des Reichsverbandes und das Bestreben der Regierung, im Olympiajahr 1936 Deutschland vor der Weltöffentlichkeit in einem günstigen Licht zu präsentieren, trugen zu dem großen Veranstaltungsangebot des Kulturbundes bei."[75]
Die Presse hebt besonders die Bildnisse der Schauspielerinnen Carola Neher[76] (Abb. 21) und Dela Lipinskaja in Rollenszenen hervor und charakterisiert Julie Wolfthorn wiederum als „eigentlich die Porträtistin der Frauen", „denn ihre Pastelle und Aqua-

relle, ihre Zeichnungen und Oelbilder verraten, dass Julie Wolfthorn sich mit besonderer Hingabe an die Darstellung weiblicher Modelle wagt. Besonders die Pastelle zeigen eine schmeichelnde Weichheit."[77]
1937 sind im Klubheim des *Jüdischen Frauenbunds*[78] in der Schau „Das jüdische Kind in der bildenden Kunst" Julie Wolfthorns Kinderbildnisse wie beispielsweise „Edith" (Abb. 24) zu sehen. Die Bildnisse nehmen den Charakter von Andenkenbildern an. Namen der Dargestellten werden in die Porträts eingeschrieben: Kinder, die verschickt werden, um vor den Nationalsozialisten gerettet zu werden; Erwachsene, denen die Deportation droht. Das letzte bekannte Porträt vor der Deportation ist das der „Eva Brinn", dessen Ehemann, der Unternehmer und Kunstsammler Richard Brinn, ebenfalls nach Theresienstadt deportiert werden wird. Ebenfalls im März ist Julie Wolfthorn im Jüdischen Museum in der Ausstellung „Das jüdische Plakat" wie auch in der Frühjahrsausstellung vertreten – die letzte Ausstellung zu ihren Lebzeiten.

Berlin verlassen

Obwohl die Repressalien gegen jüdische Bürger schon 1933 begonnen hatten, werden erst in den

Nürnberger Gesetzen vom September 1935 die Kriterien festgelegt, wer als Jude anzusehen sei und wer nicht. Gleichzeitig wird Juden mit diesen Gesetzen die Staatsbürgerschaft entzogen. Im Oktober 1935 folgt „das Verbot von Künstlernamen für Juden, weil durch Pseudonyme eine Tarnung des jüdischen Namens beabsichtigt sei".[79] Von Julie „Wolfthorn" schreibt die Presse allerdings auch noch 1937.

In der Volkszählung 1939 ist sie als Julie Klein mit der Erfassungsadresse Kurfürstenstraße 50 erfasst. Die Adresse ist mit dem Zusatz ‚bei Hirschweh' versehen. Bei der Familie handelt es sich um den Kaufmann und Kunstsammler Erich Hirschweh,[80] seine Ehefrau Margarete „geb. Edel-Hinz, arisch" und den Sohn Hans-Peter Hirschweh, der sich später Peter Edel nennt.

Peter Edel, der einst Schüler von Julie Wolfthorn war und wie sein Großvater Edmund Edel als Künstler bekannt wird, berichtet in seinen Lebenserinnerungen über die Zeit in der Kurfürstenstraße: „Unaufhaltsam schien das Ende nach unserm Aus- und Einzug in die beiden kleinen möblierten Zimmer, welche meine Eltern einer greisen jüdischen Malerin namens Julie Wolfthorn abgemietet hatten, die im Gartenhaus der Kurfürstenstraße 50 in ihrem baufälligen, zugig durchkälteten Atelierraum hauste und schicksalsergeben nur eines sich noch wünschte: einen milden

natürlichen Tod, wenngleich sie kein Hehl daraus machte, daß sie ständig Gift bei sich trug."[81]
Julie Wolfthorn beschäftigt sich erst nach den Novemberpogromen 1938 mit dem Gedanken an Auswanderung. Im Dezember schreibt sie an ihre Nichte: „Wir – d.h. ich bin nicht so mutlos wie man annehmen müsste. Mit dem Willen hier fort zu kommen, wachsen mir neue Kräfte u. Hoffnungen winken. Ich schreibe in alle Himmelsrichtungen u. strecke meine Fühler aus. Die liebe Familie schüttelt den Kopf darob. Das tut nichts. Ich hoffe u. baue auf mein Können u. meinen Ruf, den ich nun freilich draussen erst neu aufbauen muss. Bescheidenheit ist da nicht am Platz. Wir übersetzen zus. viele meine Kritiken in's Engl. u. ich muss sie dann an die senden, die dort für mich werben wollen. Du sollst sie auch haben, für d. Fall dass – ? auch damit Du weißt wie man Deine Tante Julie Wolfthorn einschätzte. [...] Sollte U.S.A. in Betracht kommen, so will ich ein kl. Reklamebuch herstellen lassen mit Reprod. einiger Bilder zu d. Kritikentexten. Man muss da bluffen. Mit Pinsel u. Palette bewaffnet u. einer Kiste voller Bildern will ich mir da d. Welt erobern."[82]
So schrieb Julie Wolfthorn an Leonore Zuntz, die sich zu dem Zeitpunkt schon in Dänemark aufhält. Die andere Tochter ihrer Cousine Olga Hempel[83], Marianne, inzwischen verheiratete Leppmann, war schon

1934 mit ihrer Familie zunächst nach Shiraz in Persien und dann in die Hauptstadt Teheran emigriert. Auch zu ihr hält Julie Wolfthorn Kontakt: „Meine Nichte in Schiras schreibt von Rosenbüschen, Schlafen unter Sternen auf d. flachen Dach ihres Hauses, von Ritten zu Pferde, von einem Sonnenschirm einige Meter im Durchmesser, den ihr Mann vom Staat durch Arbeitsstreik erzwungen hat. Sie selbst ist als Aerztin sehr willkommen geheissen von dem dortigen männlichen Kollegen, da es ihm nicht gestattet ist die Frauen zu berühren. Sie erzählt sehr amüsant von den Familienaufläufen der Eingeborenen bei Entbindungen u. Todesfällen. – Es ist erfrischend zu wissen, dass diese lieben Menschen ausser Schussweite sind.“[84]
Um 1940 sucht Käthe Kollwitz Julie Wolfthorn in der Kurfürstenstraße auf, allerdings trifft sie nicht diese, sondern Peter Edel an.[85] Sie sei gekommen, um Julie Wolfthorn ihre Hilfe anzubieten, ob sie Medikamente brauche oder Lebensmittelmarken ohne den „J-Aufdruck“. Käthe Kollwitz habe im Kopf eine Liste aufgestellt von alten Freunden und Kollegen, versuche, Rat zu geben und Kontakte zu knüpfen. Die ersten Umsiedlungen hätten schon begonnen. Peter Edel erzählt ihr, dass Julie Wolfthorn sich Sorgen mache um ihre Bilder. Es wäre gut, wenn sie diese außerhalb ihres Ateliers aufbewahren könne. Käthe Kollwitz meint, hier helfen zu können, und geht, um etwas zu

organisieren, ohne Julie Wolfthorn gesprochen zu haben. Peter Edel trifft sich noch des Öfteren mit Käthe Kollwitz, sie gibt ihm Anleitungen für seine Bilder. Er berichtet Käthe Kollwitz auch von der Nachricht der drohenden Deportation der Wolf-Schwestern. Er erzählt ihr, Julie Wolfthorn sei froh gewesen, weil es sich nur um ein Umsiedlungslager gehandelt hätte. Als Käthe Kollwitz nach Julie Wolfthorns Bildern fragt, berichtet Peter Edel, dass diese versiegelt im Keller stehen.[86]

Ein internationales Nachschlagewerk konstatiert 1943: „Julie Wolfthorn“: „When last heard of, in 1941, she was reduced to misery in Berlin, and was anxiously seeking a visa for immigration to the United States.“[87] Als im Oktober 1941 die Deportationen aus Berlin begannen, wurden Auswanderungen verboten. Ende September 1942 schreibt Luise Wolf einem Freund: „Sie sehen, wir sind noch hier, doch fragt sich immer wieder: wie lange noch?“[88] Zwei Wochen später erhalten die Schwestern ihre Deportationsbescheide. „Die Gestapo teilte den Betroffenen die Deportationsabsicht schriftlich mit. Sie erhielten eine sechzehnseitige Vermögenserklärung, in der penibel die Einkommensverhältnisse abgefragt wurden.“[89] Am 14. Oktober 1942 unterschreiben sie ihre Vermögenserklärung mit „Luise Sara Wolff“ und „Julie Sara Klein geb. Wolff“.[90] Luise Wolf war zwar am 13. Februar 1908 aus dem Judentum ausgetreten,[91] aber das war für die nationalsozialistische Definition von „Juden“ nicht von Interesse.

Kurz vor der Abreise schreibt Julie Wolfthorn an ihre Freundin Anna Muthesius in Berlin-Nikolassee: „Liebe Muthesia. Kommen Sie schnell um das Lilienbeet (Rolle)[92] abzuholen. Sonst ist es vielleicht zu spät. Ihre Jula“. Anna Muthesius erinnert sich an die Zeit: „Sie kam [...] den mühsamen Weg nach Nikolassee, um im Garten etwas Sonne zu geniessen. Auch von meinen Leuten wurde sie scheel angeguckt. Sie ertrug das alles mit Geduld und Überlegenheit. Wollte nur noch den Ausgang erleben. Man nahm ihr das Atelier. Sie verkaufte fast alles und bereitete sich auf die Reise ins Ungewisse vor.“[93]

Unmittelbar vor der Deportation besucht Anna Muthesius die Wolf-Schwestern ein letztes Mal in der Kurfürstenstraße: „Eines Tages ging ich mit einem Pflaumenkuchen zu ihr. Ich traf die Schwester auf der Strasse. Sie sagte ganz ruhig: ‚Morgen müssen wir fort.‘ Ich war erschüttert. Oben nähte Jula an einem schwarzen Kleid. ‚Man muss doch auf der Reise anständig aussehen. In den Knöpfen ist Veronal. Wenn es uns schlecht geht.‘“[94]

Am 17. Oktober 1942 schreibt Julie Wolfthorn aus dem Altenheim Gerlachstraße 21 noch eine Karte an ihren langjährigen Freund Carl Eduard Eeg in Bre-

men: „Lieber Freund Eeg. Heute sende ich Ihnen den letzten Gruss. Wir warten hier auf d. Abtransport nach Theresienst. u. sind beinah zufrieden, endlich d. Ungewissheit los zu sein. Vergessen Sie uns nicht – Frau Isi ist vor einigen Tagen gestorben. Die Dehmelkinder haben das Haus geerbt. Sie hat bis zuletzt unbehelligt darin gelebt, als Witwe D's geachtet und geehrt trotz allem. Leben Sie wohl. Ihre Fr. Jula u. Li.“[95]
Nach der Absenderangabe befinden sich die Schwestern Wolf bereits in einem der sogenannten Sammellager. Die Wohnung in der Kurfürstenstraße ist versiegelt. In den Sammellagern wird den Gefangenen der Bescheid über die Einziehung ihres Vermögens vom Gerichtsvollzieher per Zustellungsurkunde mitgeteilt. „Luise S. Wolff“ erhält die Zustellungsurkunde am „27. Okt. 1942“, auf der sie nun als wohnhaft in der „Gr. Hamburger Str. 26“ eingetragen ist.[96] Von diesem Sammellager werden die Schwestern einen Tag später nach Theresienstadt abtransportiert.
Auch Julie Wolfthorn wird am 27. Oktober von der Geheimen Staatspolizei mitgeteilt, dass ihr gesamtes Vermögen „zugunsten des Deutschen Reiches eingezogen“ wird.[97] Erst am 25. Mai 1943 wird die „Wohnungsräumung“ in der Kurfürstenstraße 50 durch die Vermögensverwertungsstelle des „Oberfinanzpräsident Berlin/Brandenburg“[98] durchgeführt. Noch am Tag der Wohnungsräumung kommt es zur „Ver-

handlung" über die beschlagnahmten Gegenstände. Das gesamte Wohnungsinventar, das sich nach Angaben der Vermögenserklärung nur auf wenige Gegenstände bezog, wird für 101,50 Reichsmark an eine Händlerin verkauft.[99] Die Aufstellung „Inventar und Bewertung" wurde am 18. März 1943 angelegt.[100] Die Summe von 101,50 Reichsmark wird am 4. Juni 1943 bei der Oberfinanzkasse des Oberfinanzpräsidenten Berlin-Brandenburg „als dem Reich verfallen erklärte Vermögenswerte verbucht."[101] Am 4. Januar 1943 sind dort bereits 22,48 Reichsmark von der Gasag, den Gaswerken der Stadt, eingezahlt worden.[102] Wahrscheinlich eine Rückerstattung, weil ab Oktober 1943 kein Gas mehr in der Kurfürstenstraße 50 verbraucht worden war.

Ghetto Theresienstadt

Am 20. Januar 1942 wird auf der Wannseekonferenz über die Organisation und Durchführung der „Endlösung der Judenfrage" beraten. Es sollte auch ein spezielles Ghetto für Menschen über 65 Jahre eingerichtet werden: „Die Theresienstadttransporte wurden deshalb im Gegensatz zu den so genannten Osttransporten als Alterstransporte bezeichnet."[103] Zur Errichtung dieses Ghettos wird die frühere Festung

Theresienstadt ausgesucht. Auch jüdische Schwerkriegsversehrte, Frontsoldaten mit hohen Auszeichnungen sowie Prominente oder Persönlichkeiten, die sich anderweitig verdient gemacht hatten, „Geltungsjuden“[104], „Mischlinge“ und Partner aus „Mischehen“ werden dort inhaftiert.

Die Deportationen von Berlin nach Theresienstadt begannen Anfang Juni 1942, der letzte Transport ging am 27. März 1945 ab Berlin, insgesamt waren es 121 mit jeweils 50 bis 100 Personen. Im Sommer und Herbst 1942 fanden die Deportationen fast täglich statt. Insgesamt wurden 50.029 Juden aus Berlin deportiert, 14.710 nach Theresienstadt, das waren 29,3 Prozent aller Verschleppten.[105]

Es hieß, dass die Deportierten zum ‚Arbeitseinsatz‘ kommen sollten. Ältere sollten angeblich in Gemeinschaftsunterkünften außerhalb des Deutschen Reiches untergebracht werden. Theresienstadt galt als privilegiertes Ghetto: „Der Führer schenkt den Juden eine Stadt“[106]. Dieser Mythos wurde auch in Berlin gepflegt: „Wer nach Theresienstadt kam, hatte es besser.“[107] Und auch Julie Wolfthorn schreibt auf ihrer letzten Karte: „Wir warten hier auf d. Abtransport nach Theresienst. u. sind beinah zufrieden, endlich d. Ungewissheit los zu sein.“[108] Die Überlebenschancen in Theresienstadt waren der Historikerin Rita Meyhöfer zufolge „tatsächlich besser als in den anderen La-

gern im ‚Osten'. 12 Prozent der nach Theresienstadt Deportierten überlebten. Bei den ‚Osttransporten' war es nur ein Prozent."[109]
Am 28. Oktober 1942 werden „Klein Julie neé Wolff born 8.1.1864" und „Wolf Luise born 15.9.1860 in Thorn (Westpreußen)" mit dem Transport I/72 unter den Transportnummern 9207 und 9206"[110] nach Theresienstadt gebracht. Ihre gemeinsame Schwester Martha und deren Mann Ferdinand Schäfer hatten ebenfalls Deportationsbescheide bekommen, entzogen sich dem aber durch Selbstmord.
Julie Wolfthorns Schwester Luise soll kurz nach der Ankunft im Ghetto an einem Schlaganfall gestorben sein,[111] im Theresienstädter Gedenkbuch steht „dort umgekommen".[112]
In dem „privilegierten" Ghetto Theresienstadt gab es tatsächlich eine Lagerselbstverwaltung der Häftlinge und ein kulturelles Leben: Theateraufführungen, Vorträge und Musikveranstaltungen. Sogar eine Rote-Kreuz-Delegation überzeugte sich vom guten Zustand des Lagers und der Häftlinge – und wurde getäuscht. „Isolation, Hunger, Kälte, schlechte Wohnverhältnisse, Angst vor den Weitertransporten in die Vernichtungslager, Folterungen, […] Entfremdung und Entfernung von jeder gewohnten menschlichen und gesellschaftlichen Ordnung, und das Einsinken und Hindämmern in Pseudoordnungen […] die un-

vorstellbaren menschlichen, seelischen, räumlichen Bedrängnisse [...]. Der Kampf um das bißchen Brot, um den ‚Wohnraum' [...]. Am schlimmsten waren die dran, die arm, alt und schwach waren", berichtet ein Überlebender.[113]

Unter den Zigtausenden von Menschen, die nach Theresienstadt verschleppt wurden, waren auch Verwandte und Bekannte von Julie Wolfthorn. Es gibt aber keine Hinweise darüber, ob sie mit diesen dort auch zusammengetroffen ist: ihre Tanten, die Übersetzerin Henriette Bock-Neumann aus Berlin und Meta Neumann aus dem Raum Stuttgart; Elly Bleichröder, 1913 von Julie Wolfthorn porträtiert,[114] und der Unternehmer Richard Brinn, dessen zweite Ehefrau Eva Julie Wolfthorn noch 1940 porträtiert hatte, und ihre Kollegin, die Künstlerin Clara Arnheim, Mitbegründerin des *Hiddensoer Künstlerinnenbunds.*

Selbst während der Zeit der Inhaftierung arbeitet die „beruehmte Malerin Julie Wolfthorn, damals schon nahe an den 80ern, die mit unermuedlicher Schaffenslust, zuerst mit Bleistift, dann mit irgendwie hereingeschmuggelten Farben ihrer Kunst treu blieb. Sie hat viele reizende Bilder aus Theresienstädter Hoefen und Strassen und viele ihres eigentlichen Faches, der Portraitkunst, geschaffen. Auch als sie infolge eines Unfalls bettlaegerig wurde, malte und zeichnete sie unermuedlich weiter."[115] Straßen- oder Hofansichten sind nicht bekannt, aber es gibt einige Porträts, die sich im Leo Baeck Institut in New York oder in Yad Vashem in Tel Aviv befinden. Die Theresienstadt-Überlebende Charlotte Opfermann berichtete, dass gezeichnete Porträts und Szenen des Lagers unter den Häftlingen gegen Lebensmittel, wie Brotscheiben und Suppenrationen, getauscht wurden.[116]

Julie Wolfthorn zeigt in den Bildnissen nicht die Spuren der Schrecken eines Konzentrationslagers oder Ghettos, so wie es von Arbeiten anderer Künstler bekannt ist. Ihre Kunst ist vordergründig nicht kritisch oder anklagend, aber doch Ausdruck eines ungebrochenen Willens zum Widerstand gegen dieses Unrecht. Zum einen geschieht das dadurch, dass die Künstlerin ihre Arbeit nicht aufgibt, zum anderen dadurch, dass die Porträtierten wieder als individuelle Menschen wahrgenommen und ihnen ihre Würde zurückgegeben wird. Damit sind die Zeichnungen ein Signal gegen die Entrechtung und den Verlust der Selbstbestimmung, die bei Ankunft in den Konzentrationslagern einhergeht mit der Einbuße von Individualität und Integrität.

Im Juni 1943 zeichnet Julie Wolfthorn das Porträt von „Dr. Pollnow“ (Abb. 25) mit melancholischen Zügen. Das Gesicht ist von tiefen Furchen durchzogen. Die Augen sind verschattet. Die „Rekonvaleszentin“

(Abb. 23) wurde auch als Selbstporträt der Künstlerin interpretiert.
Am 8. Januar 1944 hat Julie Wolfthorn im Ghetto Theresienstadt einen runden Geburtstag: „Ihr 80. Geburtstag wurde in groesserem Kreis feierlich begangen“, berichtet Käthe Mende, Vorsitzende des *Jüdischen Frauenbunds* in Berlin, nach ihrer Befreiung in ihren Erinnerungen.[117] Später hört Anna Muthesius „von der einst so reichen Bankiersfrau Mammroth […] dass sie [Julie Wolfthorn] im Krankenhaus in Theresienstadt eines natürlichen Todes gestorben wäre. Sie hätte bis zuletzt gemalt. Und das war ihr die Hauptsache. Von der guten Schwester wusste man nichts.“[118]
Julie Wolfthorn ist am 29. Dezember 1944 im Ghetto Theresienstadt kurz vor ihrem 81. Geburtstag gestorben und wurde kremiert.[119] Wie später bekannt wurde, ist die Asche der Kremierten seit November 1944 in den Fluss Eger geworfen worden.

Wiederentdeckung

Wie so viele andere auch wurde Julie Wolfhorn nach dem Zweiten Weltkrieg vergessen. Erst nachdem man sich seit den 1970er Jahren auch für Künstlerinnen interessiert, wurde von ihrem Leben und Werk zunehmend mehr Kenntnis genommen.

Seit den 1980er Jahren wird sie wieder auf Gruppen- und Themenausstellungen gezeigt. Es gibt verschiedene Hinweise, dass Julie Wolfthorn ihre Bilder, die „alle mit Herzblut“ entstanden sind und die sie liebte wie ihre Kinder, kurz vor der Deportation verteilt und verschenkt hat. Viele ihrer Bilder haben in öffentlichen und privaten Sammlungen überlebt. Kontinuierlich tauchen neue Bilder auf. 2009 waren nach mehr als 70 Jahren wieder Kunstwerke von Julie Wolfthorn in einer Einzelausstellung versammelt. Und zwar während der Internationalen Fredener Musiktage in der Nähe von Hannover.

Schon 2002 wurden vor Julie Wolfthorns langjährigem Wohnhaus in der Kurfürstenstraße 50 Stolpersteine für sie und ihre Schwester verlegt. 2005 konnte ich die „Julie-Wolfthorn-Straße“ am Nordbahnhof in Berlin einweihen. 2012 hatte ich die Ehre, zur Verlegung eines sogenannten Stolpersteins in Vitte auf Hiddensee zu sprechen.

Ihr Werk wurde nun schon in mehreren Einzelausstellungen in der Neuzeit präsentiert: in Freden, in Worpswede, in Ferch bei Potsdam, im Westpreußischen Landesmuseum in Warendorf und in Ahrenshoop. Wo Julie Wolfthorn auch präsentiert wird, ihre Kunst wie auch ihr Leben erregen immer sehr große Aufmerksamkeit und berühren die Menschen. 2011 publizierte ich meine Dissertation „Leben und Werk der Malerin und Graphikerin Julie Wolfthorn (1864–1944). Rekonstruktion eines Künstlerinnenlebens“ mit einem kommentierten Werkverzeichnis. Da ich das Werkverzeichnis weiterführe und es auch noch Lücken in der Biographie der Künstlerin gibt, freue ich mich über jedes Mosaiksteinchen, das zur weiteren Vervollständigung beiträgt. Wenn Sie Hinweise für mich haben, wenden Sie sich bitte an mich: heike.carstensen@web.de.

Anmerkungen

1 GMN, Nachlass Carl Eduard Eeg, ABK 3347, Bestand 503, Karte Julie Wolfthorn an Carl Eeg, 17.10.1942.

2 Siehe Melderegister, Akte Sign. AM TC 18226, Archiwum Torun.

3 Unveröffentlichtes Privatmanuskript von Leonore Zuntz, S. 1–26.

4 Arthur Semrau, „Bogumil Goltz und die Frauen“, in: Mitteilung des Copernicus-Vereins in Thorn, Heft 34, 1926, S. 84–95, S. 92.

5 Zuntz (wie Anm. 3), S. 1. Seine Eltern sind Ben und Rebekka Wolf, die wiederum auch eine geborene Neumann war.

6 Zwei Cousins von Julie Wolfthorns Mutter, Rudolf und Heinrich Neumann, beispielsweise wurden in Alaska Geschäftsführer einer der größten Handelsniederlassungen, der ‚Alaska Commercial-Company in St. Francisco‘. „Die Niederlassung der Gesellschaft in Unalaska leitete als erster Direktor Rudolf, während sein Bruder Heinrich zweiter Direktor der Niederlassung in St. Michael war.“ In: Heinrich Kurtzig, Ostdeutsches Judentum, Stolp 1927, S. 54.

7 Vgl. Semrau 1926 (wie Anm. 4), S. 92.

8 Über den jüngeren Bruder Franz ist nicht viel bekannt. Er wird nach dem Tod beider Eltern zunächst bei den Großeltern väterlicherseits untergebracht und später bei Onkel Josef und Tante Rose Fajans in Danzig. Er „soll wunderbar schön gewesen sein, aber 17jährig nahm er sich das Leben“, in: Zuntz (wie Anm. 3), S. 1.

9 Max Osborn, „Jüdische Künstlerinnen in ihrer Werkstatt“, in: Gemeindeblatt der Jüdischen Gemeinde zu Berlin, 13.10.1935, S. 18.

10 Innerhalb der Familie gab es noch Kontakt nach Thorn, denn 1914 entwirft ihr Bruder Georg den sogenannten „Flissakenbrunnen“ für die Stadt.

11 Osborn 1935 (wie Anm. 9).

12 Solche Feste gab es früher häufig. Sie standen unter einem Motto, nach dem sich alle Beteiligten verkleideten – so wie hier auf der Fotografie. Es ist gleichzeitig nahezu ein Familienfoto von Julie Wolfthorns Familie: Ganz rechts steht ihr Bruder Georg, der große dunkelhaarige Mann mit dem Schnauzbart und den dunklen Bändern um die hellen Hosenbeine. Fast ganz links steht Julie Wolfthorn in dem hellen Kleid, dem dunklen Umhang und dem hellen Haarband. Ihre Schwester Luise lehnt sich an sie. Georg Wolf wird von seiner Cousine Hedwig Fajans umarmt. In der Mitte steht eine weitere Cousine: Olga Fajans. Der Mann mit der Mütze, der dort rechts aus der dritten Reihe über zwei Schultern hervorsieht, ist Ernst Nelson, der erste Kunstlehrer von Julie Wolfthorn.

13 Ernst Schwarz in Die Presse, 1916, Nr. 282, zit. nach Semrau 1926 (wie Anm. 4), S. 89.

14 Klaus Martens (Hrsg.), Literaturvermittler um die Jahrhundertwende: J.C.C. Bruns' Verlag, seine Autoren und Übersetzer, St. Ingbert 1996, S. 212.

15 J. Scuratow, „Julie Wolfthorn", in: E.A. Seemann, Meister der Farbe. Kunst der Gegenwart, Leipzig, Heft X, Nr. 914, 1916.

16 Irene Gabriele Gill/Erhard Roy Wiehn (Hrsg.), Olga Hempel. Immer ein bisschen revolutionär. Lebenserinnerungen einer der ersten Ärztinnen in Deutschland 1869–1954, Konstanz 2005, S. 49ff.

17 Bei Finck handelt es sich um Julie Wolfthorns Malerfreundin Adele von Finck (1879 Buenos Aires/Argentinien – 22.11.1943 Berlin), mit der sie gemeinsam nach Paris, Worpswede und durch Italien bis nach Rom reiste.

18 Zuntz (Anm. 3), S. 3f.

19 SUB DA, Ida Auerbach an Julie Wolfthorn, Dezember 1896.

20 Annegret Walz, Ich will ja gar nicht auf der logischen Höhe meiner Zeit stehen, Flacht 1993, S. 371f.

21 Vgl. Anm. 17.

22 Günter Busch/Lieselotte von Reinken, Paula Modersohn-Becker in Briefen und Tagebüchern, Frankfurt am Main 1979, S. 102, 105.

23 SUB DA, Br.: W 525, Julie Wolfthorn an Ida Auerbach, 27.9.[1897].

24 Es handelt sich um das Atelier des Malers und Fotografen Richard F. Schmitz (1880–1950) und des Bildhauers Max Kruse (1854–1942), Ehemann der berühmten Puppenmutter Käthe Kruse und Bruder von Oskar Kruse-Lietzenburg (vgl. Kapitel „Hiddensee").

25 SUB DA, Br.: Karte W 537, Julie Wolfthorn an Ida Dehmel, 6.6.1900.

26 SUB DA: Br.: W 539, Julie Wolfthorn an Ida Auerbach, 25.7.1900.

27 „Feuilleton. Neue Künstler und Kunstwerke", in: Königlich-Privilegierte Zeitung, von Mittwoch, 17.5.1901, Nr. 177.

28 Archiv der HdK, Fach 6, Vol. I, das Schreiben ist unter der Inv. nr. 887 archiviert, zit. nach: Ulrike Krenzlin, „‚auf dem ernsten Gebiet der Kunst ernst arbeiten'. Zur Frauenausbildung in künstlerischen Berufen", in: Ausst.kat. Profession ohne Tradition. 125 Jahre Verein der Berliner Künstlerinnen, Forschungs- und Ausstellungsprojekt der Berlinischen Galerie in Zusammenarbeit mit dem „Verein der Berliner Künstlerinnen", Berlin 1992, S. 83.

29 Vgl. Carola Muysers (Hg.), Die bildende Künstlerin. Wertung und Wandel in deutschen Quellen 1855–1945, Amsterdam/Dresden 1999, S. 321f.

30 Vgl. Krenzlin 1992 (wie Anm. 28), S. 86.

31 Weimarer Verfassung, Art. 119, Abs. 2, zit. nach: Cornelia Matz, Die Organisationsgeschichte der Künstlerinnen in Deutschland von 1867 bis 1933, Türbingen 2001, S. 155.

32 Vgl. Krenzlin 1992 (wie Anm. 28), S. 87.

33 Dora Hitz, Sabine Lepsius, Käthe Kollwitz, Hedwig Weiß, Eva Stort.

34 Linda Kögel, Sophie von Scheve, Mary von Kunowski, Viktoria Zimmermann, Ida Ströver und Anna von Amira.

35 SUB DA, Br.: W 561, Julie Wolfthorn an Ida Dehmel, 25.9.1904.

36 Zuntz (wie Anm. 3), S. 3.

37 Oskar Kruse-Lietzenburg (1847–1919), Kaufmann und Maler.

38 GMN, Nachlass Anna Muthesius, unveröffentlichtes Manuskript.

39 SUB DA, Br. W 1051, Julie Wolfthorn an Ida Dehmel, 23.7.1926.

40 Siehe Kapitel „Etablieren und Engagieren in Berlin".

41 Staatsbibliothek Berlin, Nachlass Margarete Hauptmann, Nachlass 260, 316, Telegramm Nr. 453 24.12.1931.

42 SUB DA, Br. W 1054, Julie Wolfthorn an Ida Dehmel, 30.12.1931.

43 SUB DA, Br. W 1055, Julie Wolfthorn an Ida Dehmel, 3.2.1932.

44 „Frauen demonstrieren gegen § 218", in: Berliner Zeitung/BZ am Mittag, 24.3.1931.

45 Hazel Rosenstrauch (Hg.), Aus Nachbarn wurden Juden. Ausgrenzung und Selbstbehauptung 1933–1942, Berlin 1988, S. 24.

46 In: Ausst.kat. Profession ohne Tradition 1992 (Anm. 28), S. 383.

47 Cordula Frowein, „Jüdische Künstler und die Ghetto-Ausstellungen im nationalsozialistischen Deutschland", in: Akademie der Künste (Hg.), Geschlossene Vorstellung. Der Jüdische Kulturbund in Deutschland 1933–1941, Berlin 1992, S. 135–154, hier S. 135.

48 Bundesarchiv R 55/21305, Liste der seit 1933 aus der Reichskammer ausgeschlossenen Künstler, S. 61.

49 Rita Meyhöfer, „Berliner Juden und Theresienstadt", in: Institut Theresienstädter Initiative, Theresienstädter Studien und Dokumente, Prag 1996, S. 32f.

50 Frowein 1992 (wie Anm. 47), S. 141.

51 Gemeindeblatt der Jüdischen Gemeinde, Berlin, Jg. 23, Ausgabe 12, Dezember 1933.

52 Ingrid Schmidt/Helmut Ruppel, „Eine schwere Prüfung ist über

euch. Aspekte zur Geschichte des Jüdischen Kulturbundes", in: Geschlossene Vorstellung 1992 (wie Anm. 47), S. 33–54, S. 36.

53 Frowein 1992 (wie Anm. 47), S. 141.

54 Eugen Spiro (1974 Breslau–1972 New York), deutsch-amerikanischer Maler und Graphiker.

55 Der Schriftsteller Lion Feuchtwanger (1884–1958) kehrte 1932 von einer Vortragsreise nicht mehr zurück nach Deutschland. 1933 wurden seine Bücher von den Nationalsozialisten verbrannt.

56 Adele von Finck, vgl. Anm. 17.

57 Margarethe Ansorge (1872–1944), Pianistin. Die Ehefrau von Conrad Sorge war ebenfalls eine von Julie Wolfthorns engeren Freundinnen.

58 Robert Gärtner (1883–1968), Ehemann von Marianne Neumeier (1888–1969), Lieblingsnichte von Ida Dehmel.

59 Käthe Münzer-Neumann (1877 Breslau–1959 Paris), Malerin und Karikaturistin, war 1933 von Berlin nach Frankreich emigriert.

60 SUB DA, Br.: W 1056, Julie Wolfthorn an Ida Dehmel, 11.12.1934.

61 Wolfgang Benz (Hg.), Die Juden in Deutschland 1933–1945. Leben unter nationalsozialistischer Herrschaft, München 1993, S. 153.

62 SUB DA, Br.: W 1056, Julie Wolfthorn an Ida Dehmel, 11.12.1934.

63 G. H., „Im Atelier bei Julie Wolfthorn", in: CV-Zeitung, 4. Beiblatt, Das Blatt der deutschen Jüdin, Nr. 46, 15.11.1934, S. 17/18.

64 Dr. M. Rieß, „Julie Wolfthorn", in: Gemeindeblatt der Jüdischen Gemeinde zu Berlin, 17.11.1934.

65 G. H. 1934 (wie Anm. 78).

66 SUB DA: Br.: W 1056, Julie Wolfthorn an Ida Dehmel, 11.12.1934.

67 Vgl. „Besinnung, um 1935" (WVZ 367).

68 Benz 1993 (wie Anm. 61), S. 154.

69 Franz Landsberger, „Unser Museum. Rückblick auf 1935", in: Gemeindeblatt der Jüdischen Gemeinde zu Berlin, 5.1.1936, S. 18.

70 In der Literatur kursierte lange das falsche Geburtsdatum 1868. Wie es dazu kam, konnte nicht eruiert werden.

71 Jüdisches Gemeindeblatt für Berlin, Nr. 10, 6.10.1938, S. 8.

72 Brief in Privatbesitz, Julie Wolfthorn an Leonore Hempel, 28.3.1938.

73 Heinrich Kurtzig (1865 Inoworclaw–1946 Casablanca), Julie Wolfthorns Großmutter Johanna Neumann, geb. Kühlbrand, und seine Mutter Emma waren Schwestern.

74 Privatmanuskript im Besitz der Familie.

75 Frowein 1992 (wie Anm. 47), S. 141, 143f.

76 Carola Neher (1900–1942) spielt ab 1926 an verschiedenen Berliner Bühnen und hat großen Erfolg. Sie ist eng mit Bertolt Brecht befreundet und interessiert sich für den Kommunismus. 1933 emigriert sie nach Moskau, lebt dort in größter Armut. 1936 werden ihr Mann und sie wegen Verdachts an konterrevolutionären Terrorakten verurteilt: ihr Mann zum Tode, Carola Neher zu zehn Jahren Haft. 1942 ist sie in einem Arbeitslager vermutlich an Typhus gestorben.

77 Dr. O. B., „Aus der Kunstwelt. Ausstellung Julie Wolfthorn im Kulturbund-Theater", in: CV-Zeitung, 22.10.1936.

78 K. Escher „Das jüdische Kind in der bildenden Kunst", in: Israelitisches Familienblatt, Berlin, 18.3.1937; Hanna Schlesinger (Ruth Morold), „Kinderbildnisse jüdischer Künstler", in: Jüdische Rundschau, Berlin, 19.3.1937.

79 Schmidt/Ruppel 1992 (wie Anm. 52), S. 34.

80 Auch für Erich Hirschweh wurde am 4. April 2003 ein „Stolperstein" vor dem Gebäude in der Kurfürstenstraße 50 gelegt.

81 Peter Edel, Wenn es ans Leben geht. Meine Geschichte, Berlin 1979, S. 149.

82 Brief im Privatbesitz, Julie Wolfthorn an Leonore Zuntz, Berlin, 19.2.1938.

83 Vgl. Anm. 16.
84 SUB DA, Br.: W 1056, Julie Wolfthorn an Ida Dehmel, Berlin 11.12.1934.
85 Edel 1979 (wie Anm. 81), S. 152–157.
86 Edel 1979 (wie Anm. 81), S. 177.
87 The Universal Jewish Encyclopedia, Bd. 10, 1943, S. 562.
88 Vgl. Anm. 1.
89 Meyhöfer 1996 (wie Anm. 49), S. 41.
90 BLHA, Rep. 36 A, S. 3; hier unterschreibt Julie Wolfthorn – soweit bekannt – das einzige Mal mit ihrem Ehe- und ihrem Zwangsnamen.
91 Schreiben von Stiftung Neue Synagoge Berlin – Centrum Judaicum, 18.11.2004.
92 Vgl. „Lilien im Garten Muthesius, um 1936" (WVZ 383).
93 GMN, Nachlass Anna Muthesius, unveröffentlichtes Manuskript, S. 26.
94 Ebd., S. 27.
95 Vgl. Anm. 1.
96 Brandenburgisches Landeshauptarchiv, Potsdam, Rep. 36 A, Nr. des Aktenbandes 19460, S. 22.
97 Ebd., S. 11.
98 Ebd., S. 28.
99 Ebd., S. 27.
100 Ebd., S. 25.
101 Ebd., S. 1, 29.
102 Ebd., S. 1, 23.
103 Meyhöfer 1996 (wie Anm. 49), S. 37: „78 Prozent der nach Theresienstadt Deportierten waren 1942 zwischen 57 und 86 Jahre alt."
104 Den Juden im Hinblick auf Diskriminierung und Verfolgung Gleichgestellte.
105 Meyhöfer 1996 (wie Anm. 49), S. 36.

106 So lautet der Titel eines Filmes, der zu Propagandazwecken im Ghetto Theresienstadt gedreht wurde. Eine Überlebende des Ghettos hat ihre Publikation unter diesen Titel gestellt: Käthe Starke, Der Führer schenkt den Juden eine Stadt. Bilder, Impressionen, Reportagen, Dokumente, Berlin 1975.

107 Meyhöfer 1996 (wie Anm. 49), S. 42.

108 Vgl. Anm. 1.

109 Meyhöfer 1996 (wie Anm. 49), S. 43.

110 In: Personal Records, Beit Theresienstadt, Details from TI and GDB-Berlin, Auskunft vom 17.2.2004; E-Mail von Tomas Fedorovic, Museum Theresienstadt, Pamatnik Terezin, 8.7.2004.

111 Brief an Olga Hempel, 1947, in Privatbesitz.

112 Miroslav Kárny/Michal Frankl (Hg.), Theresienstädter Gedenkbuch. Die Opfer der Judentransporte aus Deutschland. 1942–1945, Institut Terezínské iniciativy, Academia Praha 2000, S. 227.

113 Arie Goral, „Transit Terezin“, in: Die Andere Zeitung, Nr. 39, 26.9.1968, zit. nach: Jüdisches Museum Rendsburg, KZ-Transit Theresienstadt, Bilder und Dokumente aus Ghettos und Lagern, Rendsburg 1991, S. 13.

114 Vgl. „Frau Elly von Bleichröder“ (WVZ 178).

115 Dr. Käthe Mende, ohne Signatur in: Beit Terezin, Gedenk- und Dokumentationszentrum im Kibbuz Givat Brenner Ichud/Israel; www.bterezin.org.il.

116 Freundliche Mitteilung von Charlotte Opfermann, E-Mail, 31.7. 2004.

117 Dr. Käthe Mende, vgl. Anm. 115.

118 GMN, Nachlass Anna Muthesius, unveröffentlichtes Manuskript, S. 27.

119 Theresienstädter Gedenkbuch 2000 (wie Anm. 112), S. 107; Schreiben des Museum Theresienstadt, Pamatnik Terezin, Mala Pevnost, Muzeum Ghetta, 23.11.1999.

Abkürzungen

BHLA Brandenburgisches Landeshauptarchiv
GMN Germanisches Nationalmuseum Nürnberg
SUB DA Staats- und Universitätsbibliothek Hamburg, Dehmel-Archiv
WVZ Werkverzeichnis. Das kommentierte Werkverzeichnis ist Teil der publizierten Dissertation: Heike Carstensen, Leben und Werk der Malerin und Graphikerin Julie Wolfthorn (1864–1944). Rekonstruktion eines Künstlerinnenlebens, Marburg 2011.

Abbildungsverzeichnis

Abb. 13 Mädchen mit Hut vor offenem Fenster, um 1910 (WVZ139), Abb. aus Privatbesitz

Abb. 14 Bildnisstudie blauer Hut (WVZ 475), Abb. aus Privatbesitz

Abb. 15 Frauenakt (WVZ 534), Abb. aus Privatbesitz

Abb. 16 Zwei Frauen am Strand, um 1924 (WVZ 274), Quelle: Ruth Negendanck, Hiddensee. Die besondere Insel für Künstler, Fischerhude 2005, S. 133.

Abb. 17 Julie Wolfthorn und ihr Ehemann Rudolf Klein, Ausstellungskatalog „Kunstphotographie um 1900. Die Sammlung Ernst Juhl", Museum für Kunst und Gewerbe, Hamburg 1989, S. 95.

Abb. 18 Titelblatt „Der neue Hut", um 1897 (WVZ 28), Abb. aus Privatbesitz

Abb. 19 Porträt Anna Muthesius, um 1900 (WVZ 60), Quelle: Ausstellungskatalog „Künstlerkolonien in Europa. Im Zeichen der Ebene und des Himmels", Germanisches Nationalmuseum, Nürnberg 2001, S. 433.

Abb. 20 Christian Rohlfs in Ascona, 1928 (WVZ 307), Quelle: Ausstellungskatalog Große Berliner Kunstausstellung, Berlin 1930, S. 36.

Abb. 21 Carola Neher als „gefallner Engel", 1929 (WVZ 337)
Abb. aus Privatbesitz

Abb. 22 Besinnung, um 1935 (WVZ 367), Abb. aus Privatbesitz

Abb. 23 Rekonvaleszentin, Theresienstadt 1943 (WVZ 422), Ausstellungskatalog „Das Theresienstadt-Konvolut", Altonaer Museum, Hamburg 2002, S. 114.

Abb. 24 Edith, um 1937 (WVZ 410), Quelle: M. O., „Julie Wolfthorn", in: Gemeindeblatt der Jüdischen Gemeinde zu Berlin, 21.3.1937, S. 3.

Abb. 25 Dr. Pollnow, Theresienstadt, Juni 1943 (WVZ 419), Quelle: Leo Baeck Institute, New York/USA, Accession 89.6

Über die Autorin

Heike Carstensen
geboren in Nordfriesland, lebt in Stralsund. Langjährige Tätigkeit in einem Zeitungsverlag, anschließend Studium der Kunstgeschichte, Germanistik und Literaturwissenschaften – forscht seit vielen Jahren zu Julie Wolfthorn, Dissertation 2011: „Malerin und Graphikerin Julie Wolfthorn. Rekonstruktion eines Künstlerinnenlebens".